NUNCA
olvides
LA
misericordia
DE
Dios

DAWN EDEN

# NUNCA olvides LA misericordia DE Dios

Planeta

Título original: *Remembering God's Mercy*

Traducción: José Antonio García Rosas
Diseño de portada: Marvin Rodríguez
Imagen de portada: © Shutterstock

© 2016, Editorial Planeta Mexicana, S.A. de C.V.
Bajo el sello editorial PLANETA M.R.
Avenida Presidente Masarik núm. 111, Piso 2
Colonia Polanco V Sección
Deleg. Miguel Hidalgo
C.P. 11560, Ciudad de México
www.planetadelibros.com.mx

Primera edición: agosto de 2016
ISBN: 978-607-07-3551-6

Impreso en los talleres de Litográfica Ingramex, S.A. de C.V.
Centeno núm. 162-1, colonia Granjas Esmeralda, Ciudad de México
Impreso y hecho en México − *Printed and made in Mexico*

Este libro está dedicado amorosamente al padre
Louis J. Twomey, S.J. (1095-1969) de la Compañía
de Jesús, quien ayudó a incontables personas, de todas
partes, a transformar su memoria esclava
en una memoria libre. Su generosidad se alimentaba
del Sagrado Corazón de Jesús. El padre Twomey
completó la *Suscipe* de su vida diciendo con voz queda
y respiración entrecortada: «Todo por Ti».

# Contenido

# Prefacio

Escribí este libro para compartir la buena noticia de que Jesucristo sana nuestra memoria.

En los últimos años se ha reconocido cada vez más que quienes padecemos las secuelas de recuerdos dolorosos no sólo requerimos asistencia psicológica. Aunque la terapia nos ayude a sobreponernos, si de verdad hemos de liberarnos del yugo del dolor del pasado, necesitamos apoyo *espiritual*. Únicamente el amor de Dios puede desenredar la maraña de remordimientos y resentimientos que nos impiden salir adelante. Únicamente el Médico Divino puede sanar nuestro corazón.

Y lo hace. La buena noticia del poder de Jesús para renovarnos resuena a lo largo de las Sagradas Escrituras y la tradición cristiana, pero es preciso saber dónde buscar.

Las Sagradas Escrituras nos dicen: «Dios envió a su Hijo unigénito al mundo para que tuviéramos vida por medio de Él» (1 Juan 4:9), es decir, para que podamos vivir bajo la luz de Cristo, no entre las sombras del dolor del pasado. En el *Catecismo de la Iglesia Católica* (CEC, por su nombre en latín *Catechismus Ecclesiae Catholicae*)

leemos: «El Verbo se encarnó para que nosotros cono-
ciésemos así el amor de Dios» (CIC 458). Y los Padres
de la Iglesia, como Gregorio Nacianceno, refieren que el
Verbo adquirió mente humana para estar en posibilidad
de sanar todas las mentes humanas: «Lo que no ha sido
asumido no ha sido curado; lo que se salva es lo que ha
sido unido a Dios».[1]

Mientras Jesús padecía el sufrimiento en la cruz, tuvo
la oportunidad de aliviar su conciencia. El Evangelio según San Marcos relata que los soldados le ofrecieron vino
mezclado con mirra, «pero Él no lo tomó» (Marcos 15:23).

¿Por qué no lo quiso? El beato Juan Enrique Newman
da una respuesta fascinante. Asevera que Jesús no deseaba
limitar su sufrimiento al dolor del momento presente. En
otras palabras, Jesús hizo la elección consciente de experimentar el dolor de la memoria.

Para explicarlo, Newman comienza por hacer notar que,
de acuerdo con nuestra propia experiencia humana, podemos soportar casi cualquier cantidad de dolor, siempre
que dure poco y en seguida desaparezca. El dolor se vuelve
inaguantable sólo cuando se hace crónico. Por esa razón
los pacientes que se someten a un procedimiento médico
desearían detener la mano al doctor: sienten «que ya han
resistido todo cuanto pueden; como si la continuidad, no
la intensidad, fuera lo que les resulta tan insoportable».[2]

---

[1] Gregorio Nacianceno, Epístola 101, citado en «The Doctrine of the Atonement»
[Doctrina de la redención], *The Catholic Encyclopedia*, Robert Appleton, Nueva York,
1907, *http://www.newadvent.org*.

[2] John Henry Newman, «Mental Sufferings of Our Lord in His Passion», en *Selections
from the Prose and Poetry of John Henry Newman*, coord. Maurice Francis Egan, Houghton
Mifflin, Boston, 1907 (John H. Newman, «Los sufrimientos mentales de nuestro Señor
en su pasión», en *Discursos sobre la fe*, Patmos, col. Neblí, Madrid, 1981), pp. 151 y 152.

Newman agrega que es así como «la memoria de los momentos dolorosos precedentes actúa sobre el dolor que sigue y lo determina».[3]

> Si el tercero, el cuarto o el vigésimo momento de dolor pudiera tomarse de manera aislada, si fuera posible olvidar la sucesión de momentos precedentes, entonces cada momento sería el primero, tan tolerable como este (quitando la conmoción que lo acompaña). Sin embargo, se vuelve insoportable justo porque *es* el vigésimo; porque el primer momento de dolor, el segundo, el tercero y todos hasta el decimonoveno se acumulan en el vigésimo. Así, cada momento adicional de dolor contiene toda la carga —siempre en aumento— de todos los momentos que lo precedieron.[4]

De modo que Jesús se rehusó a tomar el vino mezclado con mirra porque, consciente de que a través de su sufrimiento nos redimiría, estaba «decidido a cargar con el dolor en toda su amargura».[5] Lo que me gusta de la perspectiva de Newman es que nos ayuda a comprender no solamente quién fue Jesús. También nos ayuda a entender quién es.

Por el testimonio del Evangelio sabemos que Jesús, después de resucitar, conserva las heridas físicas que se le infligieron en la cruz (Juan 20:20, 27). Newman deduce la implicación lógica de ello: por consecuencia, Jesús

---

[3] *Ibíd*, p. 152.

[4] *Ibíd*; las cursivas son del original.

[5] *Ibíd*, 153.

también debe conservar sus heridas invisibles, la memoria de cada uno de sus momentos de sufrimiento.

Sin embargo, uno quizá se pregunte, ¿cómo puede Jesús conservar su memoria de dolor, si en el cielo no hay lágrimas (Apocalipsis 21:4)?

Pienso que la respuesta es que, tal como en la Resurrección las heridas visibles de Jesús se han transfigurado, irradiando gracia (Juan 1:14), así también sus heridas invisibles se han glorificado. Todo el sufrimiento de Jesús ha quedado grabado en su memoria, pero los recuerdos de este ya no le provocan dolor. En su estado resucitado, cuando evoca su pasión, recuerda sólo su *pasión:* el inmenso amor que tenía y que lo llevó a derramar hasta la última gota de su Sangre Preciosa por nuestra salvación.

¿Acaso no sería maravilloso «tener la mente de Cristo»? (1 Corintios 2:16) ¿Poder mirar en retrospectiva tu vida entera, tus alegrías y sufrimientos, y contemplar únicamente el amor de Dios? Eso fue lo que pensé cuando escribí *Mi paz os doy: Cómo sanar las heridas del alma con ayuda de los santos.* Con ese libro busqué ayudar a víctimas de abuso sexual en la infancia —como yo— a aliviar sus memorias a través de las vidas de los santos que también padecieron algún trauma y encontraron la sanación en Cristo.

La reacción a *Mi paz os doy* fue distinta de todo lo que he vivido como escritora. Todos los autores desean que sus libros sean apreciados por el público al que van dirigidos, y así ocurrió con el mío; lectores que sufrieron abuso me comentaron que, a diferencia de otros libros, el mío sí los ayudó. Lo extraordinario fue que, una y otra vez, aun cuando me agradecían por publicar *Mi paz os doy,* los lectores me pedían algo más. Querían que escribiera un nuevo libro, el cual ofreciera la misma espiritualidad sanadora, pero de manera que pudieran compartirlo con los seres amados que no hubieran padecido abuso.

Me conmovió que mis lectores quisieran que el mensaje de *Mi paz os doy* estuviera al alcance de más personas, así que me propuse cumplir su deseo. Sólo que había un problema: la inspiración. Si iba a retomar el tema de sanar la memoria, necesitaría una perspectiva más fresca, una nueva fuente de sabiduría de la cual nutrirme.

Encontré esa fuente de sabiduría en el papa Francisco. El 30 de marzo de 2013, tan sólo 17 días después su elección, en su homilía de la Vigilia Pascual el Santo Padre habló de cómo la resurrección de Cristo abre el camino para sanar nuestra memoria (*véase* el capítulo 3). Durante una entrevista posterior en ese mismo año, cuando se le preguntó acerca de su modo de orar, Francisco relató que los *Ejercicios espirituales* de san Ignacio de Loyola —que fueron parte de su preparación como jesuita— lo habían ayudado a desarrollar «una oración llena de memoria» (*véase* el capítulo 6).[6]

En especial me llamaron la atención sus comentarios sobre los *Ejercicios espirituales*, porque se refirió a uno en el que yo basaba la espiritualidad de *Mi paz os doy:* la «Contemplación para alcanzar el amor de Dios», el cual contiene la oración más conocida de san Ignacio de Loyola: la *Suscipe* u Oración de Entrega. Sus observaciones sobre

---

[6] Antonio Spadaro, «Entrevista al papa Francisco», 21 de septiembre de 2013, *https://w2.vatican.va*.

ese ejercicio confirmaron mi intuición previa acerca del valor de las enseñanzas de san Ignacio para la sanación de la memoria. No sólo eso. Junto con otras reflexiones del papa sobre la sanación, me mostraron el camino hacia un nuevo entendimiento de lo que significa renovarse en el espíritu de nuestra mente (Efesios 4:23).

En la misma entrevista en que citó los *Ejercicios espiri-tuales*, Francisco dijo por qué admiraba al antiguo jesuita Pedro Fabro, a quien poco después canonizaría. Como los amigos —hasta los que están en el cielo— dicen mucho de una persona, empecé a leer el diario espiritual de Fabro, el *Memorial*, para ver qué podría indicarme de la espiritualidad del papa Francisco. Eso también fue una revelación.

En Fabro descubrí a un hombre que tenía muchas de las mismas vulnerabilidades que yo. Luchaba contra la ansiedad, la depresión y las tentaciones del pecado. Aprender cómo venció esas debilidades me ayudó a librar mejor mis propias batallas espirituales.

A medida que seguí investigando sobre la sanación de la memoria en la sabiduría del papa Francisco, y en los orígenes jesuitas de donde proviene, me ocurrió algo completamente imprevisto.

Esperaba inspiración. No *gracia*.

Mas fue gracia lo que experimenté. El libro que ahora estás leyendo, concebido con la intención de cumplir el deseo de mis lectores, terminó siendo una respuesta a mi propio deseo de lograr una mayor intimidad con Cristo. El papa Francisco y los jesuitas que lo inspiraron me hicieron emprender un viaje que me llevó a un entendimiento más profundo de la misericordia de Dios... Esa misericordia que perdona y sana.

Tengo la esperanza —y oro por ello— de que, conforme leas este libro, también encuentres esa gracia sanadora, la gracia que, apunta Francisco, nos permite «entrar en diálogo con Dios, dejándonos abrazar por su misericordia para ser portadores de ésta».[7]

---

[7] Francisco, carta encíclica *Lumen fidei*, § 46.

# Agradecimientos

Antes que nada, doy gracias al padre Gregory Gresko, de la Orden de San Benito, ya que omití reconocer el generoso consejo, el ánimo y las oraciones que me dio mientras escribía *Mi paz os doy*. Para este libro, quiero agradecer a todas las personas que me han exhortado a seguir escribiendo sobre la sanación de la memoria, en particular al hno. John Luth, del Centro Internacional Metodista (M.I.C.); a William Doino Jr., y al padre Angelo Mary Geiger, de los Padres Franciscanos de la Inmaculada. Por último, doy las gracias a todos los lectores que me han hecho saber que mi trabajo los ha ayudado, y a todas las personas que han orado por mí. Cada uno de mis lectores está en mis oraciones cada día, en cada misa.

# 1

# Recibe Señor, toda mi libertad

## Para entregar tu corazón a la divina misericordia

Era el mes de agosto de 1957 y se aproximaba el fin del invierno en Argentina. Jorge Mario Bergoglio, el joven seminarista que llegaría a convertirse en el papa Francisco, yacía en una cama de hospital. Los terribles dolores que tenía le hicieron pensar que iba a morir.[8]

Jorge estaba en su segundo año en el seminario diocesano de Buenos Aires, ante la disyuntiva de continuar sus estudios de sacerdocio diocesano o de ingresar a una orden religiosa, cuando enfermó de neumonía. Los médicos tardaron demasiado en dar un diagnóstico; durante tres días estuvo al borde de la muerte. Ardiendo en fiebre, en cierta ocasión se incorporó de la cama y abrazó a su madre suplicándole: «¡Dime qué me pasa!».[9] Los médi-

---

[8] Jorge Mario Bergoglio, «The Story of a Vocation» («Historia de una vocación»), *L'Osservatore Romano*, 3 de enero de 2014.

[9] Sergio Rubin y Francesca Ambrogetti, *Pope Francis: His Life in His Own Words*, Putnam, Nueva York, 2013 (Sergio Rubin y Francesca Ambrogetti, *El papa Francisco: Conversaciones con Jorge Bergoglio*, Ediciones B Argentina, Buenos Aires, 2013), p. 23.

cos concluyeron que era necesario extirparle a Jorge tres quistes pulmonares, así como una pequeña porción de tejido del pulmón derecho. Aguardaron a que se estabilizara para efectuar la operación.

A la intervención quirúrgica siguió más dolor. Durante días hubo que administrarle una solución salina al maltrecho cuerpo del seminarista para desinfectar el tejido dañado y drenarlo a través de una sonda que le colocaron en el pecho. Jorge sintió como si le estuvieran poniendo sal en las heridas.

A lo largo de esa dura prueba, su familia y amigos no dejaban de visitarlo, aunque eran inútiles sus esfuerzos por levantarle el ánimo. Al ver su dolor, sólo atinaban a decir frases triviales como: «Ya va a pasar» o «Qué lindo va a ser cuando vuelvas a tu casa».[10]

Es probable que Bergoglio haya tenido presente el trauma de la hospitalización cuando, años después, reflexionó sobre lo reacios que somos a tocar la «carne sufriente» de nuestro prójimo: «Muchos no se acercan; dan un rodeo como el levita o el sacerdote de la parábola [del buen samaritano]. Otros se acercan mal, intelectualizan el dolor o se refugian en lugares comunes ("la vida es así"), o embotan su mirada con preferencias selectivas [...]. Muchas son las formas en que evitamos acercarnos a la carne sufriente».[11]

Siendo ya arzobispo de Buenos Aires, Bergoglio narró

[10] *Ibíd*, p. 24.

[11] Jorge Mario Bergoglio, *Open Mind, Faithful Heart*, Crossroads, Nueva York, 2013 (Jorge Mario Bergoglio, *Mente abierta, corazón creyente*, Editorial Claretiana, España, 2013), p. 214.

a sus biógrafos el episodio de aquella enfermedad de juventud, sin omitir el entrañable recuerdo de una mujer especial que lo visitó en el hospital: la única que no le dijo palabras banales. Se trataba de la hermana Dolores Tortolo, monja del convento de la Misericordia, muy querida para él desde que lo preparó para la Primera Comunión. «Me dijo algo que me quedó muy grabado y que me dio mucha paz: "Estás imitando a Jesús"».[12]

Eso lo cambió todo. Cambió la manera en que Jorge vivía el trauma de su enfermedad. Cambió su manera de entender el significado del dolor que lo puso a las puertas de la muerte. Y me parece que, sobre todo, cuando cobró conciencia de que sus sufrimientos lo unieron a Cristo Crucificado, cambió su comprensión del significado de la memoria. A partir de entonces, al reflexionar en los acontecimientos de su vida, tanto sus alegrías como sus sufrimientos, creía que su historia había sido «traspasada por la mirada de amor de Dios».[13] Por esa razón hoy, como papa, puede declarar: «Tengo una certeza dogmática: Dios está en la vida de toda persona».[14]

## Una oración llena de memoria

Al poco tiempo de dejar el hospital, Jorge tomó la decisión de ingresar a la Compañía de Jesús. Ahí empezó su noviciado el 11 de marzo de 1958. Había conocido a

---

[12] Rubin y Ambrogetti, *op. cit.*, p. 24.

[13] *Ibíd*, p. 168.

[14] Spadaro, *op. cit.*

algunos jesuitas mientras asistía al seminario diocesano, que ellos dirigían, y se sintió atraído por el carácter misionero, la comunidad y la disciplina de la Compañía.[15] Pero no fue sino hasta que se convirtió en jesuita cuando supo que la espiritualidad de la Compañía lo llevaría a imitar a Jesús con mayor fervor, ya que en su primer año de noviciado[16] realizó su primer «Gran Retiro».

El Gran Retiro se efectúa en silencio a lo largo de 30 días, en los que al novicio jesuita se le guía a través de los *Ejercicios espirituales* de san Ignacio de Loyola.[17] Al reflexionar sobre los misterios de la vida, muerte y resurrección de Jesús, los ejercitantes profundizan su unión con Dios en Cristo, disciernen su misión divina en la vida y se ponen por completo al servicio de Dios.[18]

La vivencia de Jorge con los *Ejercicios espirituales* —tanto en el Gran Retiro como en los retiros que haría con regularidad en los años posteriores— cambió sustancialmente su concepto de la oración. En su primera entrevista importante como papa, declaró a su compañero jesuita, el padre Antonio Spadaro: «La oración es para mí siempre una oración [...] llena de memoria, de recuerdos, incluso

---

[15] *Ibíd.*

[16] Un novicio es una persona que discierne la vida religiosa en el noviciado, el cual dura dos años y constituye la primera etapa de la formación jesuita.

[17] Estos detalles se refieren únicamente al Gran Retiro, no a los ejercicios espirituales mismos, ya que no sólo los novicios jesuitas los practican. En sus casi 500 años de existencia, los ejercicios se han adaptado a personas con diferente situación de vida o contexto de fe. Asimismo, pueden practicarse en un periodo menor a los 30 días.

[18] La Iglesia los llama «misterios» a fin de poner énfasis en que, si bien ocurren en una época y en un lugar históricos, tienen que ver con Jesús, que es al mismo tiempo divino y humano; por ello, el intelecto humano jamás podrá entenderlos del todo. Por mucho que meditemos en ellos, siempre poseerán un resquicio de misterio que se convertirá en nuevo tema de reflexión.

de memoria de mi historia [...]. Para mí, se trata de la memoria de que habla san Ignacio en la primera semana de los *Ejercicios*, en el encuentro misericordioso con Cristo Crucificado. Y me pregunto: "¿Qué he hecho yo por Cristo? ¿Qué hago por Cristo? ¿Qué debo hacer por Cristo?". Es la memoria de la que habla también Ignacio en la "Contemplación para alcanzar el amor", cuando nos pide que traigamos a la memoria los beneficios recibidos».[19]

Los ejemplos de la oración ignaciana a que Francisco se refiere son, de hecho, los sujetalibros de los *Ejercicios espirituales:* el encuentro con Cristo Crucificado pertenece al primer ejercicio, en tanto que *Contemplatio ad amorem* —«Contemplación para alcanzar el amor»— es el último. Juntos representan el marco espiritual dentro del cual los ejercitantes abren su mente y corazón a la guía del Espíritu Santo. Siendo estas dos meditaciones tan importantes para el concepto de oración de Francisco, vale la pena examinarlas con mayor detalle.

## El encuentro misericordioso con Cristo crucificado

«Imagina a Cristo nuestro Señor presente, ante ti, en la Cruz».[20]

---

[19] Spadaro, *op. cit.*

[20] San Ignacio de Loyola, *Ejercicios espirituales*, § 53. Los pasajes de los *Ejercicios* citados en la obra original en inglés fueron tomados de St. Ignatius of Loyola, *The Spiritual Exercises of St. Ignatius*, trad. de Louis J. Puhl, Loyola Press, Chicago, 2010, *http://spex. ignatianspirituality.com*. (La versión consultada en la presente traducción al español es San Ignacio de Loyola, *Ejercicios espirituales*, en el sitio *web* de la Provincia Mexicana de la Compañía de Jesús: *https://www.sjmex.org/documentos/textoee.pdf*).

Estas palabras de la meditación inicial de los *Ejercicios espirituales* son la primera de muchas ocasiones en que Ignacio, en ese régimen de oración, invita a los ejercitantes a mirarse de frente a Jesús. Podría decirse incluso que todo el programa de ejercicios se ha diseñado para que los participantes se encuentren con Jesús directamente, en el tiempo presente. Entonces, ¿por qué Francisco, al referirse al «encuentro misericordioso con Cristo Crucificado», lo hace como si esa meditación se tratara de traer a la mente un asunto del pasado? ¿Por qué la llama «una oración llena de memoria»?

Creo que la respuesta tiene que ver con otro punto que Francisco señala en la entrevista concedida a Spadaro: «Porque Dios está primero, está siempre primero, Dios *primerea*».[21]

Para comunicar mejor su idea, Francisco emplea el verbo *primerear*, derivado de «primero». *Primerear* a alguien significa ganarle, es un término coloquial que se usa normalmente para aludir a un pícaro. Cuando Francisco lo utiliza para referirse al encuentro con Jesús, está haciendo una declaración parecida a la observación de *Las crónicas de Narnia*, de C. S. Lewis, de que Aslan —el personaje que representa a Dios— no es un león domado. «Dios nos espera con una sorpresa», sostiene Francisco.[22] «Este dejarse guiar por Jesús te lleva a las sorpresas de Jesús».[23] De ma-

---

[21] Spadaro, *op. cit.*

[22] Francisco, «Meeting with Young People in Manila», Radio Vaticano, 18 de enero de 2015, *http://en.radiovaticana.va* («Hay que aprender a llorar», Radio Vaticano, 18 de enero de 2015, *http://es.radiovaticana.va*).

[23] Francisco, «Vigilia de Pentecostés con los movimientos eclesiales», 18 de mayo de 2013, *http://w2.vatican.va*.

nera similar, tal como Lewis escribió que su conversión lo dejó «sorprendido por la alegría», Francisco relata cómo Dios nos sorprende con su gracia: «Siempre "primerea" la gracia, después viene todo lo demás».[24]

En la reflexión del papa subyace el mensaje de 1 Juan 4:19: «Nosotros amamos porque Dios nos amó primero».[25] Dios nos creó para estar en unión con Él, y nos sostiene a fin de que lo busquemos y lo encontremos. Nuestro encuentro con Él nos abre los ojos para darnos cuenta de que ha estado presente a lo largo de nuestra vida. El poeta Francis Thompson representó este fenómeno en «The Hound of Heaven» (El Sabueso del Cielo). Thompson se maravilla al entregarse al amor de Jesús luego de años de huir de él: «Después de todo, ¿es mi abatimiento / la sombra de su mano, que se extiende amorosamente?»[26]

Es importante señalar, al mismo tiempo, el énfasis que Francisco pone en que su «oración llena de memoria» no consiste únicamente en que él recuerde a Dios: «Sobre todo, sé que el Señor me tiene en su memoria. Yo puedo olvidarme de Él, pero yo sé que Él jamás se olvida de mí».[27]

## Memoria y misa

Nuestro recuerdo de Dios y el recuerdo que Él tiene de

---

[24] Jorge Mario Bergoglio, citado en Silvina Premat, «The Attraction of the Cardinal», *Traces*, julio de 2001, *http://archivio.traces-cl.com* (Silvina Premat, «Un atractivo distinto», *Huellas*, julio de 2001, *http://www.huellas-cl.com/articoli/giu2001/argen.htm*).

[25] Bergoglio cita 1 John 4:19 cuando explica el significado de *primerear* en Rubin y Ambrogetti, *op. cit.*, p. 41.

[26] Francis Thompson, "The Hound of Heaven" [El Sabueso del Cielo], en *Poems of Francis Thompson*, Continuum, Londres, 2001, p. 40.

[27] Spadaro, *op. cit.*

nosotros confluyen en la suprema «oración llena de memoria», la que unifica todas nuestras oraciones individuales en una sola ofrenda: el Santo Sacrificio de la misa.[28] El papa Pablo VI utilizó el verbo «representar» para describir cómo, a medida que el poder de Jesús se manifiesta en los actos del sacerdote, el pasado vuelve al presente. El Señor, dijo, «representa el sacrifico de la cruz, y nos aplica su virtud salvadora, cuando por las palabras de la consagración comienza a estar sacramentalmente presente, como alimento espiritual de los fieles, bajo las especies del pan y del vino».[29]

El papa Francisco tiene en mente el mismo pensamiento cuando dice: «La celebración eucarística es mucho más que un simple banquete: es precisamente el memorial de la Pascua de Jesús, el misterio central de la salvación».[30] Subraya que la palabra «memorial», en relación con la misa, «no significa sólo un recuerdo, un simple recuerdo»: «sino que quiere decir que cada vez que celebramos este sacramento participamos en el misterio de la pasión, muerte y resurrección de Cristo. La eucaristía constituye la cumbre de la acción de salvación de Dios: el Señor Jesús, haciéndose pan partido por nosotros, vuelca, en efecto, sobre nosotros, toda su misericordia y su amor, de tal modo que renueva nuestro corazón, nuestra existencia y nuestro modo de relacionarnos con Él y con los hermanos».[31]

---

[28] Acerca de la misa como la oración suprema que unifica todas nuestras oraciones individuales, *véase* papa Pablo VI, *Constitución Apostólica Missale Romanum*, 3 de abril de 1969, *http://www.vatican.va*.

[29] Pablo VI, *Mysterium fidei*, § 34, *http://w2.vatican.va*.

[30] Francisco, «Audiencia general», 5 de febrero de 2014, *http:// w2.vatican.va*.

[31] *Ibíd.*

Con el tiempo, conforme dedicamos de manera constante nuestra capacidad de memoria, concedida por Dios, al memorial de la acción de salvación de Jesús, nos transforma. Descubrimos que, a la vez que le entregamos a Dios nuestra memoria, Él nos concede la suya. Cuando contemplamos de nuevo las imágenes del pasado que alguna vez fueron sombrías, nos sorprende percatarnos de que aun los episodios más oscuros comienzan a lanzar destellos de los colores resplandecientes de la Pascua. Aunque quizá en ocasiones nos sintamos solos, nunca volveremos a estar solos realmente, ya que pertenecemos a Jesús como miembros de su Cuerpo Místico, la Iglesia.

Francisco apunta: «Precisamente en esa oscuridad está Cristo, que vence y enciende el fuego del amor».[32] Para mí, estas palabras poseen un significado especial, porque sintetizan cómo vivo la sanación de mis propios recuerdos en la misa y a través de las oraciones que se hacen en ella.

Si bien no me sentí atraída a la Iglesia católica sino hasta cerca de los 40 años,[33] muchos de mis recuerdos de la infancia giraban en torno a una casa de adoración: el templo judío al que asistían mis padres. Antes de que se divorciaran, ahí era donde rezábamos en familia; fue ahí donde mi padre volvió a casarse y donde presencié el nombramiento de mi hermana como *bat mitzvá* cuando, a sus 13 años, leyó por primera vez la Torá. Y fue ahí,

---

[32] Francisco, «Audiencia general», 1 de abril de 2015, *https://w2.vatican.va.*

[33] A los 31 años de edad tomé la decisión radical de convertirme al cristianismo y me bautizó un ministro protestante. Seis años después, me uní en plena comunión a la Iglesia católica. Relato la historia de mi conversión en el capítulo 3 de *La aventura de la castidad: Encontrando satisfacción con tu ropa puesta* (Grupo Nelson, Nashville, Tennessee, Estados Unidos, 2008).

teniendo yo cinco años de edad, donde viví una de mis primeras experiencias del mal, luego de que un empleado de limpieza comenzara a molestarme.[34]

Cuando pienso en los daños que el abuso causó en mi joven vida —incluida la vergüenza de que el rabino no me creyera cuando le informé de lo sucedido—, no sé cómo era posible que mi fe judía se mantuviera firme. Sin embargo, no sólo sí se mantuvo, sino que, al menos por un tiempo, se fortaleció aún más.

Recuerdo que me encantaba acercarme a la mesa del comedor los viernes por la noche, en el comienzo del *sabbat* (sábado judío), a ayudar a mamá a encender las velas del *sabbat* y pronunciar la bendición que distinguía al santo día del resto de la semana. En seguida cantábamos más bendiciones sobre el *challah* —un pan especial— y la copa de *kidush*, que llenábamos con vino dulce.

Después de la cena ansiaba que llegara el servicio del *sabbat* en la sinagoga. Cuando aprendí a leer seguía la liturgia, deseosa de descubrir cuál sería la *parashá* (la lectura seleccionada del Pentateuco) y la *haftará* (la lectura de los Profetas) semanales. Perdí la devoción posteriormente, después de que empeoró la situación en mi casa y sufrí otros abusos.

Por ello, al evocar la sinagoga de la ciudad donde vivía de niña, a mi mente viene dolor, pero también belleza. La bendición del *kidush* era parte del servicio en el templo y un ritual de la casa; en mi sinagoga, a los niños nos

---

[34] Describo las heridas de mi infancia, y la sanación que recibí, en *Mi paz os doy: Cómo sanar las heridas del alma con ayuda de los Santos* (Grupo Planeta, España, 2014).

invitaban a unirnos al *jazán* para cantarla. Con entusiasmo infantil, yo cantaba en hebreo la plegaria que alababa el recuerdo de Dios para nosotros, un recuerdo lleno de amor: *V'shabat kad'sho b'ahavah uv'ratzon hin'chilanu zikaron l'ma'aseih v'rei'sheet, [...] zeikher litzi'at Mitz'rayim.* («Con amor y voluntad nos has legado tu santo *sabbat*, en memoria de la creación [...] [y] en memoria del éxodo de Egipto»).[35]

Otro recuerdo importante del servicio del *sabbat* es la recitación de la *kedushá*, que empieza así: *Kadosh, Kadosh, Kadosh, Adonai Tz'vaot.* Estas palabras en hebreo provienen de Isaías 6:3: «¡Santo, santo, santo es el Señor de los ejércitos!».

En particular, a mi mente infantil la cautivaba el hecho de que la *kedushá* era más que una oración vocal: requería un esfuerzo de todo el cuerpo. Además de que se pronunciaba de pie, en cada «*kadosh*» los fieles levantaban los tobillos para sostenerse con la punta de los pies, alzándose hacia el cielo para unirse a la canción de alabanza de los ángeles.

Así era la naturaleza angelical de mi fe de niña... hasta que perdí el gusto por los asuntos del cielo. Mis oraciones se volvieron mecánicas cuando llegué a la adolescencia. Las cosas malas que había padecido me hicieron dudar de la bondad de Dios. Pensé en vivir sin religión ni sus reglas. Aunque la memoria de la devoción que tuve me impidió negar a Dios por completo, llegué a creer que, si

---

[35] La traducción y transcripción del hebreo se tomó de "Shabbat Evening Home Ritual" [Ritual vespertino del *shabbat* para casa], *Judaism 101*, consultado el 29 de julio de 2015, *http://www.jewfaq.org*.

Dios existía, no me amaba. De modo que desde mis 15 años y hasta que recibí la luz de la fe cristiana, viví en un estado agnóstico o, a decir verdad, ateísmo en la práctica.

Cuando empecé a ir a misa, a menudo me sentía afligida por cambiar cosas que no estaban en mis manos. Al comienzo de la eucaristía, al decir el sacerdote «Levantemos el corazón», me ponía triste por las ocasiones en que en el pasado había dejado de alzar el mío hacia Dios. Era como si en el fondo de mi mente persistiera la oscuridad de mi agnosticismo. Aun cuando jamás me hubiera atrevido a manifestarle a Dios mi vacilación, de haberlo hecho, habría sido así: «Si realmente me amaras, no me habrías dejado alejarme tanto de ti durante tantos años».

Con el tiempo, sin embargo, a medida que fui adentrándome más en las oraciones de la misa, algo cambió en mí. La divina gracia me ayudó a centrarme menos en mis fallas del pasado y más en la Divina Misericordia. En vez de acordarme de mis tiempos de incertidumbre, empecé a evocar épocas previas, mis años de infancia en que no dudaba del amor de Dios.

No recuerdo con exactitud cuándo sucedió, pero hubo un momento en que, al rezar el Santo —«¡Santo, santo, santo…!»—, caí en la cuenta de que en mi infancia el Señor me dio la gracia de unirme al canto de plegaria de los ángeles cuando pronunciaba la *kedushá*. Pese a que de niña no sabía lo que sé hoy —que los ángeles proclaman su adoración delante de la tres veces santa Trinidad (Apocalipsis 8:2)—, en aquel tiempo amaba a Dios como lo entendía, y Él aceptaba ese amor.

De la misma manera, en cierta ocasión, al escuchar al sacerdote durante la consagración de la Sangre Preciosa —«Hagan esto en conmemoración mía»— y verlo levantar el cáliz, volví a mi alegría de niña cuando participaba en el *kidush*. En ese entonces mi corazón se levantaba hacia el Señor, tal como sucede actualmente. Es verdad que yo tenía menos que ofrecer, pues no podía retribuir a Jesús su amor como lo hago ahora que vive en mí a través de mi bautismo. No obstante, le entregaba a Dios todo cuanto tenía —«lo poco que poseía la viuda» (Marcos 12:41-44)— y Él lo aceptaba en aquella época, como lo acepta hoy.

Por último, llegó el momento en que, durante una eucaristía de la misa diaria, miré al altar —con sus dos velas, el pan y el vino— y recordé las cenas del *sabbat* de mi niñez.

Traje a mi mente el recuerdo de las velas del *sabbat*, siempre colocadas una junto a la otra, y las comparé con las velas de la misa, situadas en los extremos opuestos del altar. Cuando el sacerdote —actuando sacramentalmente en la persona de Cristo— se puso entre las velas y consagró el pan y el vino, de pronto me pareció que lo que estaba viendo era una revelación.

Era como si las velas del *sabbat* de la mesa de mi familia se hubieran separado, abriéndose como una cortina, para mostrar el verdadero acto litúrgico que todo el tiempo se celebraba en el cielo mientras mis seres queridos y yo orábamos aquí en la tierra. Comprendí que la misa siempre había tenido lugar, pero yo carecía del discernimiento para notarlo. Jesús estaba conmigo en el *sabbat*, «en medio de los candelabros» (Apocalipsis 1:13), entregando su sacrificio eterno al Padre mediante el Espíritu Santo, y yo no lo sabía.

De ningún modo quiero decir que, en estricto sentido sacramental, la práctica judía de mi familia equivalía a la liturgia católica sólo que acompañada de caldo de pollo. La cena del *sabbat* no es la misa. Con todo, Jesús es el Señor del sábado (Mateo 12:8), es su dueño. A través de la misa empecé a percatarme de que la alegría que experimentaba de niña al celebrar el *sabbat* era el inicio de mi dedicación a Él. Mi canto del *kidush* fue el preludio de la alabanza que le brindé cuando me entregué totalmente a Él por medio de mi bautismo e incorporación a la Iglesia.

Me sentí muy agradecida al darme cuenta de ello; fue una respuesta contundente a mis dudas tácitas acerca del amor que Dios me tenía en la época en que no lo reconocí. Me permitió ver mis años de agnosticismo no como motivo de vergüenza, sino de agradecimiento a Dios por haberme sacado del hoyo (Salmos 40:2).

## La misericordia de Dios que nos sostiene

En un libro que escribió antes de ser papa, Jorge Bergoglio indicó que el buen uso de nuestra memoria puede ayudarnos a superar los retos personales: «Existe una tensión entre tiempo y eternidad; entre pasado, presente y futuro. La memoria nos pone en tensión y lanza hacia la situación presente la clave de lectura salvífica de Dios, la cual —al interpretar el presente— se transforma en promesa para el porvenir».[36]

Encontramos la sanación cuando vemos en «la situación presente la clave de lectura salvífica de Dios», porque al hacerlo comprendemos que los recuerdos que llevamos en nuestra historia personal no cuentan todo lo que nos ha sucedido.[37] Las heridas de los sufrimientos del pasado ya no nos determinan. No importa que nos los hayan causado otras personas, circunstancias externas o nuestras malas decisiones. Aunque nuestra memoria de hecho forma parte de nuestra identidad, no es lo más importante. Como dice Francisco, lo que más nos define no es que recordemos, sino que Dios nos recuerda. «Hay un pasaje de la Biblia, del profeta Isaías, que dice: "Si incluso una madre se olvidara de su hijo —y es imposible—, yo no te olvidaré jamás" (Isaías 49:15). Y esto es verdad: Dios piensa en mí, Dios se acuerda de mí. Yo estoy en la memoria de Dios».[38]

«Dios se acuerda de mí». Ese bálsamo de verdad está presente en el gran cántico de alabanza a María, el *Magníficat*: «Socorrió a Israel, su servidor, acordándose de su misericordia, como lo había prometido a nuestros padres, en favor de Abraham y de su descendencia para siempre» (Lucas 1:54-55). El *Magníficat* es indudablemente una plegaria llena de memoria y, señala Francisco, «como en María, la acción de gracias —la adoración y la alabanza—

---

[36] Bergoglio, *Open Mind…*, *op. cit.* (Bergoglio, *Mente abierta…*, *op. cit.*), p. 251.

[37] *Ibíd*, p. 31.

[38] Francisco, "Encuentro con los reclusos", 5 de julio de 2014, *http:// w2.vatican.va.*

funda nuestra memoria en la misericordia de Dios que nos sostiene».[39]

Al depositar nuestra memoria en el amor misericordioso del Señor, se transforma la percepción que tenemos de nuestro sufrimiento físico. Así debe ser, ya que en la eucaristía no sólo convocamos a nuestra alma al encuentro con Jesús, sino también a nuestro cuerpo, pues, como señala Francisco, «nuestra carne es memoriosa. Y la memoria de la Iglesia es precisamente la memoria de la carne sufriente de Dios, la memoria de la Pasión del Señor, la oración eucarística».[40]

Y en el centro de la oración eucarística están las palabras de Jesús: «Este es mi cuerpo… Esta es mi sangre». Al escuchar a Jesús decirlas a través de la voz del sacerdote en la misa, si respondo desde mi corazón entregándole a Jesús *mi* cuerpo, *mi* sangre —mi corazón mismo y mi alma—, entonces mis recuerdos se unen de una forma especial con los recuerdos de Dios.

## *El anima Christi: encontrarse con el Padre en la llagas de Jesús*

La propia experiencia de Francisco de «la memoria de la carne sufriente de Dios» está marcada por una oración de la primera semana de los *Ejercicios espirituales*: el *Anima Christi*. En una ocasión manifestó a sus compañeros je-

---

[39] Jorge Mario Bergoglio, *In Him Alone Is Our Hope,* Magnificat, Nueva York, 2013, p. 9 (*En Él sólo la esperanza,* Biblioteca de Autores Cristianos, Madrid, 2013, p. 3).

[40] Bergoglio, *Open Mind…, op. cit.* (Bergoglio, *Mente abierta…, op. cit.*), p. 251.

suitas: «En el *Anima Christi*, [Ignacio] nos pone en contacto con el cuerpo santificador del Señor, de tal forma que nuestro refugio está en sus heridas y por tanto nuestras propias heridas y llagas han sido curadas».[41]

Ignacio le pide al ejercitante postrarse ante la presencia de Jesús y pronunciar esta oración:

Alma de Cristo, santifícame.
Cuerpo de Cristo, sálvame.
Sangre de Cristo, embriágame.
Agua del costado de Cristo, lávame.
Pasión de Cristo, confórtame.
¡Oh, buen Jesús!, óyeme.
Dentro de tus llagas, escóndeme.
No permitas que me aparte de Ti.
Del maligno enemigo, defiéndeme.
En la hora de mi muerte, llámame.
Y mándame ir a Ti.
Para que con tus santos te alabe.
Por los siglos de los siglos. Amén

En esta oración se denota una intensa intimidad con Jesús. Una intimidad real, física, *encarnada*. Pero al mismo tiempo la imaginería del *Anima Christi* no se limita a abordar los rasgos humanos de Jesús, sino que se orienta hacia su divinidad. Al pedirle escondernos en sus llagas, entendemos que, según dice Francisco, «Ese cuerpo, esas

---

[41] Jorge Mario Bergoglio, "Holding the Tensions" [Contener las tensiones] en "Writings on Jesuit Spirituality I" [Escritos sobre espiritualidad jesuita], trad. y ed. de Philip Endean, *Studies in the Spirituality of Jesuits* 45, núm. 3 (otoño de 2013), pp. 26 y 27.

llagas, esa carne son intercesión. [...] Nos encontramos con el Padre en las llagas de Cristo».[42]

Francisco, en su primera homilía de Domingo de la Divina Misericordia como papa, invocó la espiritualidad del *Anima Christi* para arrojar luz sobre el pasaje del Evangelio según San Juan en el que Jesús resucitado muestra sus llagas a Tomás (Juan 20:19-31). El encuentro de Jesús con el apóstol incrédulo ilustra de qué manera «Dios responde a nuestra debilidad con su paciencia». «Este es el motivo de nuestra confianza, de nuestra esperanza», agrega Francisco. «También nosotros podemos entrar en las llagas de Jesús, podemos tocarlo realmente; y esto ocurre cada vez que recibimos los sacramentos». Sin embargo, se debe tener «la valentía de confiarme a la misericordia de Jesús, de confiar en su paciencia, de refugiarme siempre en las heridas de su amor».[43]

A Francisco no le atemoriza admitir sus propias heridas a fin de conducir a otras almas lastimadas hacia la Divina Misericordia. Todavía siendo cardenal declaró a sus biógrafos: «[Sin afán de alardear], la verdad es que soy un pecador a quien la misericordia de Dios amó de una manera privilegiada».[44] Del mismo modo, ya como papa, cuando insta a los fieles a refugiarse en las llagas de Cristo, alude a sus propias vivencias con el amor salvador de Dios: «En mi vida personal, he visto muchas veces el rostro misericordioso de Dios, su paciencia; he visto tam-

---

[42] Bergoglio, *Open Mind...*, *op. cit.* (Bergoglio, *Mente abierta...*, *op. cit.*), p. 287.

[43] Francisco, «Capilla papal para la toma de posesión de la cátedra del obispo de Roma», 7 de abril de 2013, *http://w2.vatican.va*.

[44] Rubin y Ambrogetti, *op. cit.*, p. 46.

bién en muchas personas la determinación de entrar en las llagas de Jesús, diciéndole: "Señor, estoy aquí, acepta mi pobreza, esconde en tus llagas mi pecado, lávalo con tu sangre". Y he visto siempre que Dios lo ha hecho, ha acogido, consolado, lavado, amado».[45]

Al relatar lo que ha experimentado y atestiguado, Francisco muestra el camino para nuestra propia sanación: acordarnos de nuestra historia personal —reconociendo que necesitamos el amor misericordioso de Jesús— y depositar nuestra lastimada vida en las manos de nuestro lastimado Salvador.

¿Qué motiva a Francisco a estar tan seguro de que la historia personal de cada uno de nosotros —incluidos los pecados que hemos cometido y los males que hemos padecido— es valiosa para Dios? Su esperanza se basa en otra oración de los *Ejercicios espirituales,* parte de la segunda meditación que mencionó a Spadaro como «una oración llena de memoria»: la «Contemplación para alcanzar el amor de Dios».

## La oración de entrega o Suscipe: en ella la memoria se vuele ofrenda

La «Contemplación para alcanzar el amor de Dios» gira en torno a una oración que se conoce como *Suscipe* por ser esta su primera palabra en latín. A diferencia del *Ani-*

---

[45] Francisco, «Capilla papal...», *op. cit.*

*ma Christi*, la oración *Suscipe* fue compuesta por san Ignacio de Loyola mismo y refleja su viaje personal.[46]

Cuando en 1521, a la edad de 30 años, Ignacio vivió su dramática conversión espiritual, su pasado guardaba sucesos que habría querido olvidar. Su madre murió siendo él apenas un bebé y al poco tiempo su padre lo sacó de la casa familiar para que una nodriza lo criara. Pese a que creció sintiéndose parte de la familia de esta, la experiencia de pérdida e inestabilidad que tuvo a tan temprana edad probablemente le dejó secuelas emocionales a quien más tarde se convertiría en santo.

Lo que sí sabemos de cierto es que Ignacio estaba muy arrepentido de hechos que llevaba a cuestas. Llegó a decir que, antes de que fuera llamado al amor de Cristo, era «un hombre dado a las vanidades del mundo» que se había hecho soldado para poder satisfacer un «gran y vano deseo de ganar honra».[47] Por los relatos de sus amigos sabemos también que era proclive a los juegos, las mujeres y las peleas.

Durante el año posterior a su conversión, Ignacio pasó por un periodo intenso de oración y penitencia. Fue entonces cuando empezó a escribir los *Ejercicios espirituales*. Puso la «Contemplación para alcanzar el amor de Dios» al final del régimen de meditaciones.

---

[46] En el capítulo 1 de *Mi paz os doy* hablo de la oración *Suscipe*; de ahí adapté algunos pasajes para esta sección.

[47] Ignacio de Loyola, *A Pilgrim's Journey: The Autobiography of Ignatius of Loyola*, trad. de Joseph Tylenda, Ignatius Press, San Francisco, 2001 (*El peregrino: Autobiografía de San Ignacio de Loyola*, introd., notas y coment. de Josep Ma. Rambla Blanch, Ediciones Mensajero-Sal Terrae, España, 2011), p. 37.

La Contemplación da inicio con dos reflexiones: primero, «el amor se debe poner más en las obras que en las palabras»; segundo, «el amor consiste [...] en dar y comunicar el amante al amado lo que tiene [...], y así, por el contrario, el amado al amante [...], y así el otro al otro».[48]

A continuación, Ignacio nos invita a preparar el entorno para la meditación: «Ver cómo estoy delante de Dios nuestro Señor, de los ángeles, de los santos interpelantes por mí».[49] El propósito será «pedir conocimiento interno de tanto bien recibido, para que yo, enteramente reconociendo, pueda en todo amar y servir a su Divina Majestad».[50]

Pero ¿cómo exactamente vamos a servir a la Divina Majestad? ¿Qué espera Dios de nosotros? Ignacio responde a través de las palabras poderosas de su *Suscipe*:

> Toma, Señor, y recibe toda mi libertad,
> mi memoria, mi entendimiento y toda mi voluntad;
> todo mi haber y mi poseer.
> Tú me lo diste; a Ti, Señor, lo retorno.
> Todo es Tuyo: dispón de ello según Tu voluntad.
> Dame Tu amor y gracia, que estos me bastan.

Dada la aflicción que sentía Ignacio a causa de los pecados que cometió en su vida anterior, resulta conmovedor ver que lo primero que ofrece en esta oración es su libertad. En su deseo de vivir para Dios, no para sí mismo, renuncia a su libertad de acción, al grado de poder decir

---

[48] San Ignacio de Loyola, *Ejercicios espirituales*, § 231.
[49] *Ibíd*, § 232.
[50] *Ibíd*, § 233.

como san Pablo: «Yo estoy crucificado con Cristo, y ya no vivo yo, sino que Cristo vive en mí» (Gálatas 2:19-29).

Viene enseguida la que quizá sea la parte más notable de la oración. Tras haber entregado su libertad, Ignacio quiere ahora ceder su mente y su corazón a Dios. ¿Y qué es lo primero de su ser interno que ofrece? Su *memoria*.

Dentro de la comprensión que Ignacio tiene de la mente humana, el concepto de memoria no se refiere únicamente a recuerdos en particular. La memoria abarca todo lo que formó parte de su conciencia y que lo hizo ser quien era, independientemente de que pudiera recordarlo o no. Es el fundamento de su identidad presente y de sus expectativas para el futuro.

Esta forma de entender la memoria es antigua, se remonta por lo menos hasta san Agustín, y cobra un sentido especial para aquellos que han sobrevivido a un trauma, como ocurrió con Ignacio, quien fue herido en su época de soldado. A menudo, el cerebro de este tipo de personas se protege confinando los acontecimientos dolorosos del pasado en áreas fuera del alcance de la memoria. No obstante, los recuerdos de eventos traumáticos, los tengamos presentes o no, siguen formando parte de nosotros.

Es por ello que el acto de san Ignacio de ofrecer su memoria a Dios es realmente hermoso. El santo reconoce que existen cosas que no puede cambiar —su pasado— y al mismo tiempo alberga la gran esperanza de que su Creador lo aceptará tal como es ahora, con todo lo que hizo y todo lo que le hicieron.

# De una «memoria esclava» a la libertad en Cristo

Me acuerdo de cuán impactante fue para mí, habiendo sufrido abuso sexual en la infancia, leer por primera vez la oración *Suscipe*. Pensé: «¿Por qué querría Dios tener mis recuerdos? ¡*Yo* no los quiero! He tratado de olvidarlos. ¿Y ahora resulta que Dios los *quiere*?»

La respuesta es que Dios lo quiere todo. Más aún, como dice Francisco, «quiere enseñarnos a tener más amor; quiere confirmarnos en el camino emprendido, y esto lo hace la memoria. La memoria como gracia de la presencia del Señor en nuestra vida apostólica».[51] Por esa razón, Francisco dice que nuestra oración «ha de estar signada por el recuerdo».[52] Cuando unimos nuestra memoria a la memoria de Dios, que nos recuerda, encontramos nuestra identidad como hijos de nuestro Padre celestial en Jesucristo, quien experimentó la muerte, fue enterrado y devuelto a la vida otra vez.

Esto nos lleva de vuelta a la primera parte de la oración *Suscipe* de san Ignacio, cuando ofrece su libertad a Dios. Francisco explica que la libertad y la memoria —los pilares de la entrega de Ignacio— están estrechamente relacionadas. Cita un pasaje en el libro del Deuteronomio en que Moisés les recuerda a los israelitas que el Señor, tras liberarlos de la esclavitud en Egipto, les proveyó de

---

[51] Bergoglio, *Open Mind…*, *op. cit.* (Bergoglio, *Mente abierta…*, *op. cit.*), p. 101.

[52] Bergoglio, *In Him Alone…*, *op. cit.* (*En Él sólo la esperanza*, *op. cit.*), p. 125.

lo necesario durante los 40 años en que recorrieron el desierto hacia la tierra prometida: «Las Escrituras exhortan a recordar, a hacer memoria de todo el camino recorrido en el desierto, en el tiempo de la carestía y del desaliento. La invitación es volver a lo esencial, a la experiencia de la total dependencia de Dios, cuando la supervivencia estaba confiada a su mano, para que el hombre comprendiera que "no sólo de pan vive el hombre, sino de todo cuanto sale de la boca de Dios" (Deuteronomio 8:3)».[53]

Si pensamos en alimentos ordinarios y no en el pan que da vida, agrega Francisco, somos «como los judíos en el desierto, que añoraban la carne y las cebollas que comían en Egipto, pero olvidaban que esos alimentos los comían en la mesa de la esclavitud. Ellos, en esos momentos de tentación, tenían memoria, pero una memoria enferma, una memoria selectiva. Una memoria esclava, no libre».[54]

El mensaje del papa supone un desafío particular para quienes hemos sufrido algún trauma. Si otras personas nos han lastimado o si hemos padecido otro tipo de adversidad, quizá tendamos a sentir autocompasión, desesperanza o ira. ¿Cómo podemos librarnos de esos pensamientos que se originan en malas experiencias del pasado, y que no podemos deshacer?

Francisco responde con otra imagen del Deuteronomio. Para conducir a los israelitas de la esclavitud a la li-

---

[53] Francisco, «Santa Misa en la solemnidad del *Corpus Christi*», 19 de junio de 2014, *http://w2.vatican.va.*

[54] *Ibíd.*

bertad, Dios iba al frente de ellos, «de día en una columna de nube, para guiarlos por el camino; y de noche en una columna de fuego, para iluminarlos» (Éxodo 13:21). De igual modo, añade, nosotros podemos dejar atrás nuestra esclavitud de remordimientos y resentimientos si seguimos «a Jesús realmente presente en la eucaristía». Este es el verdadero pan del cielo, «nuestro maná, mediante el cual el Señor se nos da a sí mismo».[55]

Oremos con estas palabras de Francisco: «Jesús, defiéndenos de las tentaciones del alimento mundano que nos hace esclavos, alimento envenenado; purifica nuestra memoria, a fin de que no permanezca prisionera en la selectividad egoísta y mundana, sino que sea *memoria viva de tu presencia* a lo largo de la historia de tu pueblo, memoria que se hace "memorial" de tu gesto de amor redentor».[56]

---

[55] *Ibíd.*

[56] *Ibíd;* las cursivas son del original.

# 2

## *Toma mi memoria, mi entendimiento y toda mi voluntad*

### Para participar en el espíritu de la liturgia

El 17 de diciembre de 2013, el padre Adolfo Nicolás, prepósito general de la Compañía de Jesús, escuchó una voz conocida cuando contestó el teléfono, aunque no era alguien que lo llamara todos los días.

—Hola, Nico, aquí Francisco…

Un autor jesuita nos cuenta qué pasó después, anécdota que se ha vuelto legendaria entre los miembros de la Compañía: «Francisco agregó: "Acabo de firmar el documento". El padre Nicolás supo al instante a qué documento se refería Francisco: era el de la canonización del beato Pedro Fabro, sin todo el revuelo que implica una gran ceremonia».[57]

---

[57] Brendan Comerford, «A Contemporary Pierre Favré? Jesuit Echoes in Pope Francis's Ministry of Consolation and Service» [¿Un Pedro Fabro contemporáneo? Ecos jesuitas en el ministerio de consolación y servicio del papa Francisco], *Religious Life Review,* septiembre/octubre de 2014, p. 263.

¿Quién era Pedro Fabro? ¿Y por qué Francisco hizo uso de su facultad papal para canonizarlo sin ninguna ceremonia protocolaria y sin verificar siquiera la existencia de un milagro por intercesión suya?[58]

La razón, en parte, es que durante mucho tiempo Fabro —quien murió en 1546— ha sido considerado santo y de trascendencia histórica. Formaba parte del círculo cercano a san Ignacio de Loyola con quien, y bajo su dirección, fundó la Compañía de Jesús. Pero eso no explica por qué Francisco escogió a Fabro, de entre todos los jesuitas aún no canonizados, un hombre humilde poco conocido fuera de la Compañía, para declararlo santo.

El motivo de fondo es que Francisco considera a Fabro un modelo, cuya personalidad y espiritualidad admira, y también lo que el papa llama «atento discernimiento interior».

## Discernimiento espiritual: escuchar la voz interior

Me acuerdo de que, cuando me uní a la Iglesia católica tras cinco años de ser protestante, una de las cosas que me costaba más trabajo entender era qué querían decir los católicos con «discernimiento». Conocí a personas muy

---

[58] Normalmente, para que una persona sea nombrada "beata" —paso previo a la canonización—, la Congregación para las Causas de los Santos del Vaticano debe dar fe de que por su intercesión haya tenido lugar un milagro. Para que un beato sea declarado "santo" se requiere un milagro adicional. El papa tiene la facultad de omitir esos pasos cuando lo considere prudente.

versadas en la fe que empleaban ese término para hablar de acciones específicas, como «discernir una vocación», aunque también para algo que a mí me parecía vago y misterioso: «discernimiento espiritual».

Yo sabía que la Biblia habla de poner a prueba los espíritus (1 Juan 4:1). Al abordar el tema en su primera carta, san Juan dice cómo distinguir a los verdaderos profetas de los falsos: «En esto reconocerán al que está inspirado por Dios: todo el que confiesa a Jesucristo manifestado en la carne procede de Dios. Y todo el que niega a Jesús no procede de Dios» (1 Juan 4:2-3).

No obstante, me daba la impresión de que lo que los católicos indicaban con «discernimiento espiritual» no se refería a lo dicho por otros. Más bien, se refería a lo que nos dice nuestra voz interior. Esto me resultó novedoso y tuve curiosidad de saber en qué se diferencia de ciertas enseñanzas de la psicología que se orientan a identificar y manejar la «conversación con uno mismo».

A medida que me adentré en el estudio del catolicismo, aprendí que la Iglesia tiene una larga tradición de conocimiento sobre discernimiento espiritual, cuyas bases son la Biblia y los escritos de incontables santos y místicos. Y, por mucho, el experto en la materia que más se cita es un santo del siglo XVI: nada menos que san Ignacio de Loyola, que incorporó a sus *Ejercicios espirituales* los principios del discernimiento espiritual.

Fabro tuvo el privilegio de aprender los *Ejercicios espirituales* directamente de Ignacio e incluso superó a su maestro, lo que sabemos por el mismo Ignacio, quien declaró que no había nadie mejor que Fabro para dirigir a los ejercitantes.[59]

Tal vez sería más seguro decir que el talento de Fabro para alcanzar el discernimiento interior provenía de su profunda comprensión de la espiritualidad ignaciana. Sin embargo, poseía virtudes que le permitían poner en práctica los *Ejercicios espirituales* de una forma más elaborada que como los concibió Ignacio. En su diario espiritual, el *Memorial*, Fabro relata un suceso que sugiere por qué Francisco ve en él un modelo a seguir.

Era marzo de 1545. Fabro se encontraba en la ciudad española de Valladolid, donde se ubicaba la Casa Real del príncipe y su esposa. Una mañana llegó temprano al palacio con la finalidad de acudir a misa en la capilla del príncipe, donde estaría presente cierto predicador al que quería escuchar. Pero el portero, sin reconocerlo, le negó el acceso.

Al leer la anécdota, me imagino qué habría hecho yo en lugar de Fabro al negarme la entrada aquel portero insolente. Habría pedido hablar con su superior o, en su defecto, habría buscado a algún amigo —que el hombre conociera— para que le explicara por qué yo debía entrar. Si esas tácticas no hubieran funcionado, me habría quedado en la puerta rumiando mi frustración.

Fabro actuó como lo habría hecho yo. Bueno, casi. Se quedó en la puerta, pero la verdad es que hasta aquí se parecen nuestras reacciones. Conozcamos el resto de la historia por boca del mismo Fabro:

---

[59] Brian O'Leary, «The Discernment of Spirits in the *Memóriale* of Blessed Peter Favre» [El discernimiento de los espíritus en el *Memorial* del beato Pedro Fabro], *The Way*, suplemento núm. 35, 1979, p. 17.

«Permanecí un rato en la puerta y me acordé de que, en repetidas ocasiones, había abierto yo la puerta de mi alma a malos pensamientos y a malos espíritus. Y permití que Jesús, sus palabras, su Espíritu esperasen fuera llamando la puerta.

»Pensé también cómo Cristo ha sido tan mal recibido en todas las partes del mundo. Pedí por mí y por aquel portero para que no tengamos que esperar mucho tiempo a las puertas del paraíso purgando por nuestros pecados. Otras muchas cosas se me ocurrieron en aquel lugar para mi compunción. Con lo que vine a amar más a aquel portero que fue la causa de esta devoción mía».[60]

¡Qué pasaje tan extraordinario! Nos hará bien detenernos un momento, como si estuviéramos acompañando a Fabro junto a esa puerta y él nos compartiera personalmente sus pensamientos íntimos.

Lo primero que llama la atención del relato es que Fabro vive en una unión tan estrecha con Dios que asume las cosas inevitables de la vida como oportunidades de aprendizaje enviadas por el cielo. Su reacción ante la negativa del portero no se centra en sí mismo, sino en Dios. En lugar de preguntarse cómo evitar que le impidan el paso la próxima vez, investiga mentalmente los motivos por los que *merece* quedarse fuera.

---

[60] Pedro Fabro, *Memorial*, § 412. Los pasajes del *Memorial* citados en la obra original en inglés fueron tomados de Peter Faber, *The Spiritual Writings of Pierre Favre*, ed. de Edmond C. Murphy y John W. Padberg, Institute of Jesuit Sources, St. Louis, 1996; la cita anterior: p. 299. (Para la presente traducción al español se consultó o se citó la versión de la obra Pedro Fabro, *En el corazón de la reforma: «Recuerdos espirituales» del Beato Pedro Fabro, S.J.*, introducción, traducción y comentarios de Antonio Alburquerque, S.J., Ediciones Mensajero, Bilbao / Sal Terrae, Santander, 2000).

En seguida observemos que, conforme Fabro trata de discernir lo que Dios quiere enseñarle con aquel incómodo incidente, sus cavilaciones recurren a las Escrituras. La imagen «Y permití que Jesús, sus palabras, su Espíritu esperasen fuera llamando la puerta» proviene del libro del Apocalipsis, donde se lee que Jesucristo dice: «Yo estoy junto a la puerta y llamo: si alguien oye mi voz y me abre, entraré en su casa y cenaremos juntos» (Apocalipsis 3:20).

Fabro no piensa únicamente en las ocasiones en que ha dejado fuera a Jesús, sino en que, a pesar de sus pecados, Dios le muestra misericordia y lo invita a vivir a semejanza de Cristo. Por ello reorienta su actitud para ver cómo puede vivir su rechazo en unión con Jesús, quien «ha sido tan mal recibido en todas las partes del mundo».[61]

Al reflexionar sobre el rechazo que Jesús mismo afronta, Fabro piensa en su necesidad de la misericordia de Cristo. Sin embargo, por su mente cruza algo inesperado: busca misericordia no sólo para sí, sino para el *portero*, a quien ve como su igual ante Dios: «Pedí por mí y por aquel portero para que no tengamos que esperar mucho tiempo a las puertas del paraíso purgando por nuestros pecados». Al leer esas palabras, casi podemos ver el corazón de Fabro abrirse ante nuestros ojos.

---

[61] En aquella época, en el momento álgido de la Reforma Protestante, muchos gobernantes europeos estaban abandonando la Iglesia católica y ordenaban a sus pueblos hacer lo mismo. Las deserciones influyeron notablemente en Fabro, quien, como misionero, se hallaba en el frente de la batalla que la Iglesia católica libraba para evitar que Europa perdiera la fe. En su concepto, el rechazo a la Iglesia equivalía a negar a Jesús, como este dio a entender cuando le preguntó a un célebre perseguidor de cristianos: «Saulo, Saulo, ¿por qué me persigues?» (Hechos 9:4).

Y se abrirá aún más. Al tiempo que Fabro siente "compunción" por sus propios pecados, no está satisfecho meramente con poner al portero en el mismo nivel que él. Más bien, *ama* al portero, porque este hombre, como instrumento de la Divina Providencia (aún de manera involuntaria), lo inspiró a sentir una devoción que de otra forma no habría experimentado.

## Una serenidad alcanzada con dificultad

Si no supiera la verdad, estaría tentada a pensar que quizá Fabro respondió de esa manera virtuosa porque no se enfrentaba a los mismos desafíos internos que yo.

Como aprendí a leer precozmente, se me consideraba una niña «cerebro». Eso, junto con mi falta de coordinación física e hipersensibilidad emocional, me hizo blanco fácil de las burlas crueles de mis compañeros de escuela.

Pese a que el acoso ocurrió hace décadas, los recuerdos de este siguen arraigados en mi mente. El resultado es que a veces, cuando me siento excluida o menospreciada, existe el riesgo de que eso detone el dolor del pasado y me haga retroceder a aquella época en que era una niña vulnerable. La idea de asumir un rechazo personal como un regalo de Dios, e inclusive amar a la persona que me rechaza, no me parece nada sencillo de hacer.

Por eso, como dije antes, podría imaginar que Fabro pudo actuar como lo hizo porque sufrió menos embates... si no supiera yo la verdad. Su vida fue la de un misionero que no dejaba de trasladarse constantemente de un sitio a otro. Un estudioso de su vida apunta que sus viajes continuos le provocaron «sufrimiento psicológico»: «Llegaba como un extraño a cada país, con nuevas costumbres y formas de pensar. En Alemania, por ejemplo, nunca aprendió alemán; en su lugar hablaba latín o un español defectuoso, o recurría a un intérprete si era necesario. Cada vez que se instalaba en un nuevo centro [de operaciones], ello le exigía una nueva adaptación, y cada nuevo destino lo alejaba de sus amigos».[62]

Además del aislamiento por su condición de extranjero, Fabro padeció otro tipo de sufrimiento psicológico: una depresión y tristeza recurrentes. Mucho del *Memorial* se originó en su afán por encontrar a Dios en medio de sus luchas mentales. Veamos esta desesperada plegaria, inspirada en el relato de cómo Jesús sanó a una mujer «que había estado encorvada a causa de un espíritu maligno» (Lucas 13:10-17): «Tuve entonces una exigencia propiamente espiritual y adquirí conciencia de lo que podría llamar el estado servil y abatido de mi espíritu. Pedí la gracia de que mi mente se levantase y que no estuviera, a causa de mi debilidad, inclinada hacia abajo, y hacia las cosas bajas, sino que, por la gracia de Jesucristo, se elevara para poder crecer y mirar hacia arriba».[63]

Cuando leo textos como este, comprendo cuán erróneo es dar por hecho que el santo tenía la dicha de carecer de conflictos internos. Es evidente que a Fabro se le dificultó alcanzar la serenidad; fue el fruto de su perseveran-

---

[62] Murphy y Padberg, «Introduction», en *Spiritual Writings…*, *op. cit.*, p. 25.
[63] Pedro Fabro, *Memorial*, § 184.

cia en la oración, el discernimiento y la autodisciplina. Pero, ¿exactamente cómo libró su batalla espiritual?

Una lectura atenta del *Memorial* revela que la sanación de Fabro ocurrió conforme puso en práctica la espiritualidad de los ejercicios de Ignacio, agregándoles su sello personal.

## Ajustar nuestro corazón a los signos litúrgicos

En el capítulo 1 vimos que los ejercicios procuran el encuentro de los ejercitantes con Cristo mediante la contemplación de los misterios de Su vida. Fabro incorporó a su vida cotidiana el mismo nivel de contemplación, para lo cual debió adaptarse a los ritmos litúrgicos de la Iglesia, es decir, a la misa dominical y a las fechas y periodos en que se efectuaban las diferentes festividades. Sin importar qué celebrara la Iglesia en un día determinado —fuera la fiesta de un santo, una fecha religiosa o una misa diaria durante el «tiempo ordinario»—, Fabro participaba de manera espiritual. En ese momento deseaba con todo su corazón vincular sus pensamientos y sentimientos a la persona o acontecimiento que fueran objeto de la conmemoración.

Empleo la frase «ritmos litúrgicos» a propósito, ya que ilustra de qué manera Fabro entregaba toda su persona a las celebraciones de la Iglesia. Y no lo digo sólo porque, durante el acto sacerdotal, hacía presente a Jesucristo en la eucaristía. Me refiero a que las celebraciones de la Iglesia —de domingo a domingo, de Pascua a Pascua, de Navidad a Navidad— regían los ritmos espirituales de Fabro tal como el día y la noche determinan los ritmos biológicos de una persona.

Hasta podríamos afirmar que el corazón de Fabro, en sentido espiritual, latía obedeciendo a esos ritmos litúrgicos. Cuando en su *Memorial* narra los movimientos interiores que notaba los viernes y otros días de conmemoración de la Pasión de Jesús, se esfuerza siempre por situarse en la Pasión, y situar a la Pasión en su interior. Su espiritualidad era como la expresada en la oración que Ignacio de Loyola amaba tanto, el *Anima Christi*, con su súplica: «Dentro de tus llagas, escóndeme». De igual manera, en los domingos y las fiestas gozosas, Fabro anhelaba tener un conocimiento más cabal de la Resurrección a fin de poder vivir en Cristo resucitado y, a su vez, Cristo resucitado viviera en él.

Un pasaje del *Memorial* escrito el Viernes Santo de 1543 constituye un hermoso ejemplo de cómo Fabro pudo hallar la sanación espiritual al entregarse a los ritmos litúrgicos de la Iglesia. El santo comienza narrando los sufrimientos mentales que había padecido en las últimas semanas: «Durante toda la cuaresma había estado agitado, de diversas maneras, por ideas y movimientos interiores. Me parecía que, al experimentar estas mociones, se reabrían las llagas de mis miserias e imperfecciones».[64]

El Domingo de Ramos, al comienzo de la Semana Santa, Fabro repasa el estado de su alma y cae en la cuenta

---

[64] *Ibíd*, § 268.

de que los sufrimientos que ha vivido durante la cuaresma tienen un propósito. Tal como la Pasión y muerte de Jesús pueden redimir del pecado a Fabro y la humanidad entera, así Dios puede hacer que los sufrimientos de Fabro, ofrendados en unión con los de Cristo, sirvan para purificarlo: «Este día [Domingo de Ramos] y este tiempo son ciertamente el tiempo de la Pasión de Jesucristo: el tiempo en que recordamos las llagas de Cristo, sus tormentos, su muerte, sus insultos, sus ignominias y sus humillaciones. En este día era conveniente, entonces, que todas mis llagas espirituales y las huellas de mis debilidades, no bien cicatrizadas, se reabriesen ahora al recordar la Pasión y los méritos de Jesucristo».[65]

Si bien Fabro tiene fe en que la gracia de Dios permitirá que su sufrimiento mental se oriente hacia un propósito positivo, no idealiza su dolor, no desea sentirlo más. Por eso ruega a Dios por su sanación y, al mismo tiempo, reconoce que el deseo de orar con esa finalidad es inspiración divina: «Por eso, ayudado de la gracia del Señor, le pedí con gran ánimo por Jesucristo, crucificado y muerto, que se puedan curar tantas y tan grandes enfermedades mías».[66]

Se vuelve más intensa la jornada de oración de Fabro cuando llega el Viernes Santo. Anhela que el día de resurrección de Jesús sea también el de su propia resurrección espiritual: «Hice el propósito de ofrecer el sacrificio de la misa del día siguiente, sábado [Vigilia Pascual], para alcanzar de Dios la gracia de la contrición y reedificación de mí mismo».[67]

---

[65] *Ibíd*, § 269.

[66] *Ibíd*, § 270.

[67] *Ibíd*.

Las últimas palabras que escribe Fabro antes de retirarse a descansar en la noche de aquel Viernes Santo revelan que, a pesar de contemplar a Jesús crucificado, a su corazón lo cautiva la esperanza de la Pascua: «Pensé también en el cuerpo, sin vida, de Cristo en el sepulcro, unido sin embargo a la divinidad, y tuve un gran deseo que me hizo pedir ser, de alguna manera, privado de toda fuerza de pecar, [...] y alcanzar la gracia de ser vivificado en Dios, por Jesucristo nuestro señor, resucitado de entre los muertos».[68]

## La transfiguración del tiempo

Es cierto que la aproximación de Fabro a la oración tiene su sello personal, alimentado por la espiritualidad ignaciana y su propia imaginación, pero la idea de acoplarse al ritmo litúrgico de ninguna manera es exclusiva de él. Fabro solamente es un ejemplo notable del llamado para todo cristiano de unir su espíritu al espíritu de las celebraciones de la Iglesia. Del mismo modo que la resurrección de Jesús es el primer fruto de la resurrección general, la santificación que Dios hace del tiempo a través de la liturgia es el primer fruto del «día perfecto» del cielo (Proverbios 4:18, Apocalipsis 22:5).

El *Catecismo de la Iglesia Católica* (CEC) usa los vocablos más fuertes posibles para describir la santificación del tiempo en la liturgia, al grado de llamarla *transfigura-*

---

[68] *Ibíd*, § 271.

*ción*. «A partir del "Triduo Pascual", como de su fuente de luz, el tiempo nuevo de la Resurrección llena todo el año litúrgico con su resplandor. El año, gracias a esta fuente, queda progresivamente transfigurado por la liturgia» (*CEC* 1168).

El papa Francisco vivió esta transfiguración bajo la luz radiante del Triduo Pascual en una de sus primeras experiencias de fe. Se trata de una historia que ha contado muchas veces acerca de su amada abuela Rosa, a quien califica como «la mujer que tuvo mayor influjo en mi vida».[69]

«Tuve la gracia de crecer en una familia en la que la fe se vivía de modo sencillo y concreto; pero fue sobre todo mi abuela, la mamá de mi padre, quien marcó mi camino de fe.

»Era una mujer que nos explicaba, nos hablaba de Jesús, nos enseñaba el *Catecismo*. Recuerdo siempre que el Viernes Santo nos llevaba, por la tarde, a la procesión de las antorchas, y al final de esta procesión llegaba el "Cristo yacente", y la abuela nos hacía —a nosotros, niños— arrodillarnos y nos decía: "Mirad; está muerto, pero mañana resucita".

»[...] ¡Esto es bellísimo! [...] Y así fue la primera experiencia de fe que tuve».[70]

Rosa influyó en el camino de fe de Francisco no sólo con sus palabras, sino con su testimonio. Francisco descubrió en ella cierta santidad a la que más adelante aludiría

---

[69] Bergoglio, «The Story of a Vocation...», *op. cit.*
[70] Francisco, «Vigilia de Pentecostés...», *op. cit.*

en términos de paciencia —«no sólo la paciencia como
[...] hacerse cargo de los sucesos y las circunstancias de
la vida, sino también como constancia para seguir hacia
delante día a día».[71]

En su exhortación apostólica *Evangelii gaudium*, Francisco habla de esta misma virtud de la paciencia, y es ahí
donde Pedro Fabro aparece como su ejemplo a seguir.
Para ilustrar su observación de que quienes quieran compartir la fe deben ser pacientes, al tiempo que la gracia
efectúa su labor invisible, cita una de las máximas de Fabro: «El tiempo es el mensajero de Dios».[72]

Fabro mismo vivió la verdad de esa frase cuando cons-
tató la sanación que a través del tiempo el Espíritu Santo
operó sutilmente en su alma. Uno de los momentos de-
cisivos de dicho proceso tuvo lugar entre el 25 y el 27 de
diciembre de 1542.

## *Alcanzar el amor más allá de los sentimientos*

En el pasaje del *Memorial* del 25 de diciembre, en el cual
Fabro menciona la celebración de la Misa de Gallo, es
palpable que recibió la Navidad con tristeza. En vez de
acoger a Jesús en la eucaristía con el gozo de la Navidad,
escribe: «Me sentí enteramente frío antes de la comunión,

---

[71] Spadaro, *op. cit.*

[72] Pedro Fabro, citado en Francisco, exhortación apostólica *Evangelii gaudium*, § 171,
*http://w2.vatican.va.*

y me lamentaba por no poder disponer de otra morada mejor para recibir al Señor».[73]

Pero repentinamente, justo cuando tenía esos pensamientos, lo embargó el consuelo y supo que no podía ser más que un regalo del cielo. «Me vino entonces una inspiración bastante clara con un interior sentimiento de devoción, hasta derramar lágrimas, en el que se me dio esta respuesta: "Jesucristo viene al establo, y si estuvieras muy fervoroso, no verías aquí la humanidad de tu Señor porque tu espíritu correspondería menos a lo que es un establo"».[74] Cuando leo estas palabras, mi corazón me dice que el santo estaba en lo correcto al interpretarlas como un mensaje del Espíritu Santo.

Hay que observar en particular de qué manera el consuelo encamina a Fabro hacia un amor que va más allá de los sentimientos. Le habría hecho recordar la exhortación que hace Ignacio de Loyola en la «Contemplación para alcanzar el amor de Dios»: «El amor se debe poner más en las obras que en las palabras».[75] Lo que importa más en el amor no es lo que sentimos —pues los sentimientos pueden cambiar—, sino lo que *estamos dispuestos a hacer*.

En su afán de perseguir sentimientos, Fabro se había centrado en su propia experiencia de amor y no en el objeto de ese amor: Jesucristo. Las palabras de consuelo le hicieron ver que, si en verdad su corazón iba a ser un establo, debía vaciarse de sí mismo.

---

[73] Pedro Fabro, *Memorial*, § 197.

[74] *Ibíd.*

[75] San Ignacio de Loyola, *Ejercicios espirituales*, § 230.

En la noche siguiente a la Navidad, durante la víspera de la fiesta de san Juan el Evangelista, Fabro incorpora el mensaje de consuelo a su meditación en oración. Reflexiona sobre la forma en que el evangelio presenta a Juan como «el discípulo al que Jesús amaba» (Juan 13:23), mientras que Pedro es el discípulo que le profesa mayor amor a Jesús (Juan 21:15-17). Hasta este punto, Fabro desea ser más como Juan que como el santo en honor de quien lo nombraron Pedro.

Pero ahora se da cuenta de que es momento de replantear sus prioridades: «De aquí en adelante he de poner más cuidado en lo que es mejor y supone mayor generosidad y que yo menos he hecho, que es buscar más amar que ser amado. [...] Has de procurar ser primero Pedro, y después Juan, el cual es más amado y hacia quien van las preferencias».[76]

Sus palabras denotan una mayor madurez, la cual ha podido alcanzar bajo la guía del Espíritu Santo. Luego del consuelo que recibió en la Misa de Gallo, comprende que Dios desea establecer un diálogo de amor permanente con él, que sólo será posible si sigue esforzándose por abrir su corazón.

Al día siguiente, ya en la fiesta de san Juan, a Fabro le queda clara la dinámica de ese diálogo de amor. Piensa en que al principio los creyentes buscan que Dios los ame; luego, el Espíritu Santo los inspira a decir: «no queramos ni busquemos principalmente el ser amados de Dios, sino nuestro primer empeño ha de ser amarlo a Él»: «La

[76] Pedro Fabro, *Memorial*, § 198.

primera actitud consiste en traer a Dios hacia nosotros, la segunda consiste en ir nosotros mismos hacia Dios».[77]

Al discurrir sobre esas dos actitudes, Fabro hace un descubrimiento fascinante: ambas tienen en común la *memoria*. «En el primer caso buscamos que Dios se acuerde y esté pendiente de nosotros; en el segundo tratamos de acordarnos nosotros de Él y poner empeño en lo que a Él le agrada».[78]

Con estas palabras, Fabro ubica el diálogo de amor en un marco de tiempo: los días de nuestra vida. Dios, al recordarnos, nos ama; y nos demuestra su amoroso recuerdo al protegernos con su manto divino, al concedernos las misericordias que el salmista dice que «se renuevan cada mañana» (Lamentaciones 3:23). Por nuestra parte, amamos a Dios al recordarlo; demostramos que está presente en nuestro recuerdo cuando nos ofrecemos a hacer Su voluntad.

Ahora bien, ¿dónde tiene lugar este intercambio de amorosos recuerdos? Fabro sostiene que ocurre cuando entramos en nuestros recuerdos, lo que constituye una forma de oración personal interna mediante la cual percibimos la presencia de Dios en nuestro corazón. Pero se apresura a agregar que no podemos hacer ese ejercicio por nosotros mismos. Para lograrlo, es necesario centrar nuestra oración de vida en un momento concreto, incluso físico, de encuentro con Dios. Ese momento se nos otorga cuando recibimos a Jesús en la eucaristía...

---

[77] *Ibíd*, § 203.

[78] *Ibíd*.

Jesús, quien, al entrar en nuestra historia, también entró en nuestro más íntimo ser.

«Es propio del Santísimo Sacramento concedernos la gracia de entrar en nuestros recuerdos», dice Fabro. "Nuestro Señor desea entrar en nosotros para llevarnos a la conversión de nuestro corazón para que, siguiéndole, entremos más y más cada día en lo profundo de nuestras entrañas».[79]

El mensaje de Fabro llama la atención sobre una de las verdades más asombrosas de la vida cristiana. Dios, que es ajeno al tiempo, entra en nuestro cuerpo y en nuestra alma por medio de Jesús en la eucaristía, para acompañarnos diariamente, en todos los momentos y las épocas de nuestra vida. El papa Francisco nos dice que, «a través de la eucaristía, [...] Cristo quiere entrar en nuestra existencia e impregnarla con su gracia», a fin de permitir que haya «coherencia entre liturgia y vida».[80]

Pidamos esa gracia cuando hagamos el autoexamen que aconseja Francisco: «¿Cómo vivo yo la eucaristía? [...] Al adorar a Cristo presente realmente en la eucaristía: ¿me dejo transformar por Él? ¿Dejo que el Señor, que se da a mí, me guíe para salir cada vez más de mi pequeño recinto, para salir y no tener miedo de dar, de compartir, de amarle a Él y a los demás?».[81]

---

[79] *Ibíd*, § 104.

[80] Francisco, «Audiencia general», 12 de febrero de 2014, *http://w2.vatican.va*.

[81] 25. Francisco, «Santa Misa en la solemnidad del *Corpus Christi*», 30 de mayo de 2013, *http://w2.vatican.va*

# 3

# *Todo mi haber y mi poseer*
# *tú me lo diste*

---

## Para recibir la gracia de la memoria de María

Un día, a finales de 1958, el novicio jesuita Jorge Bergoglio comenzó la cuarta semana de los *Ejercicios espirituales*, planeados para completarse en 30 días y que practicaba por primera vez. Como parte de la instrucción, en ese punto el futuro pontífice debía contemplar una escena que no registra ninguno de los evangelios: la aparición de Jesús resucitado a María.

La contemplación se halla al principio de una sección de meditaciones sobre las apariciones de Jesús después de su resurrección. Todas las demás que menciona Ignacio sí se narran en los evangelios, por ejemplo: la aparición de Jesús a María Magdalena (Juan 20:14), a san Pedro (Lucas 24:34) y a los discípulos en el camino a Emaús (Lucas 24:13). Pero el fundador de la Compañía de Jesús, siguiendo una antigua tradición católica, sostiene que Jesús se mostró a María antes que a nadie para consolarla y fortalecerla tras el dolor que le causó presenciar su Pasión.

Al saber que Bergoglio se detuvo a pensar en el encuentro de María con su hijo resucitado, tal vez nos preguntemos cómo influyó aquella contemplación en la fe del hombre que se convertiría en papa. El propio Francisco nos da la respuesta en un mensaje en el que encomienda a sus oyentes contemplar la misma escena.

Primero, tal como lo hace Ignacio en los *Ejercicios*, Francisco nos invita a contemplar a María al pie de la cruz, donde «es mujer del dolor y, al mismo tiempo, de la espera vigilante de un misterio, más grande que el dolor, que está por realizarse».[82] Cuando toda esperanza se habría desvanecido, «también ella, en ese momento, recordando las promesas de la Anunciación habría podido decir: "No se cumplieron, he sido engañada". Pero no lo dijo. Sin embargo, ella, bienaventurada porque ha creído, por su fe ve nacer el futuro nuevo y espera con esperanza el mañana de Dios».[83]

La paciencia de María motiva a Francisco a reflexionar sobre nuestra propia necesidad de ser pacientes: «¿Sabemos esperar el mañana de Dios? ¿O queremos el hoy?». María es nuestro ejemplo porque «el mañana de Dios para ella es el alba de la mañana de Pascua, de ese primer día de la semana».

«El mañana de Dios», la realización de nuestra esperanza en la Pascua, es lo que cruza por la mente de Francisco cuando contempla la aparición de Jesús resucitado

---

[82] Francisco, «Celebración de las vísperas con la comunidad de las monjas benedictinas camaldulenses», 21 de noviembre 2013, *https://w2.vatican.va*

[83] *Ibíd.*

a María. Por eso nos invita a todos a imaginar ese encuentro y a aceptar su fruto en nuestra vida. «Nos hará bien pensar, en la contemplación, en el abrazo del hijo con la madre. La única lámpara encendida en el sepulcro de Jesús es la esperanza de la madre, que en ese momento es la esperanza de toda la humanidad».

¿Qué hizo posible que María mantuviera viva la llama hasta que su Hijo resucitara? Podemos hallar un indicio en otro de los títulos que Francisco le da: «La Mujer de la Memoria».[84]

## María recuerda a Dios, y Dios, a María

Francisco la llama «la Mujer de la Memoria» porque es «la que desde el inicio meditaba todas esas cosas en su corazón»,[85] es decir, el anuncio que le hizo el ángel Gabriel acerca de quién era ella, quién era Jesús y qué misión iba a cumplir (Lucas 1:26-37).

El Evangelio según San Lucas relata que después de la Anunciación María se da prisa para visitar a su prima Isabel quien, a pesar de su edad avanzada, ha concebido un hijo. Isabel se llena del Espíritu Santo en cuanto oye su saludo; el bebé que lleva en el vientre —Juan el Bautista— salta de alegría y ella lanza una conmovida exclamación (Lucas 1:41-45). Lucas registra que las últimas palabras que Isabel le dice a María son: «Feliz de ti por

---

[84] Francisco, «Santa Misa en la solemnidad de Pentecostés», 8 de junio de 2014, *http://w2.vatican.va*.

[85] *Ibíd.*

haber creído que se cumplirá lo que te fue anunciado de parte del Señor» (Lucas 1:45).

Si nos detenemos un instante a analizar esa gozosa expresión, veremos que lo que Isabel alaba es la fe de María, su esperanza y, de manera especial, su *memoria*.

María elige acordarse de las palabras del Señor, depositar en ellas su fe, actuar conforme a ellas.

La frase de Isabel es la antesala de la explosión de júbilo de María, el *Magníficat* (Lucas 1:46-55). Francisco observa que «al encontrarse con [Isabel], el primer gesto [de María] es hacer memoria del obrar de Dios, de la fidelidad de Dios en su vida, en la historia de su pueblo, en nuestra historia: "Proclama mi alma la grandeza del Señor [...], porque ha mirado la humillación de su esclava [...]. Su misericordia llega a sus fieles de generación en generación" (Lucas 1:46, 48, 50). María tiene memoria de Dios».[86]

Resulta notable que el *Magníficat* de María no es únicamente una evocación de lo que Dios hizo por otros. «En este cántico de María», agrega Francisco, «está también la memoria de su historia personal, la historia de Dios con ella, su propia experiencia de fe».[87]

Y lo que es verdadero para la fe de María también lo es para la nuestra. «La fe contiene precisamente la memoria de la historia de Dios con nosotros, la memoria del encuentro con Dios, que es el primero en moverse, que crea y salva, que nos transforma».[88]

---

[86] Francisco, «Santa Misa para la "Jornada de los Catequistas" en el año de la fe», 29 de septiembre de 2013, *http://w2.vatican.va*.

[87] *Ibíd.*

[88] *Ibíd.*

Con el paso del tiempo, la memoria de María que guardaba «la historia de Dios con ella» iba a presagiar dolor. Lucas el Evangelista refiere que «meditaba» cuidadosamente sobre todos los sucesos del pequeño Jesús (Lucas 2:19, 2:51), inclusive sobre las palabras de Simeón, quien le profetizó que su alma se afligiría por su Hijo: «Este niño será causa de caída y de elevación para muchos en Israel; será signo de contradicción, y a ti misma una espada te atravesará el corazón. Así se manifestarán claramente los pensamientos íntimos de muchos» (Lucas 2:34-35).

El papa Francisco retoma esos pasajes del Evangelio según San Lucas y explica que María permitió que Dios reconstruyera su memoria a fin de que, cuando llegara el día en que «la espada le atravesara el corazón», ella pudiera mantenerse firme. «A lo largo de su vida, lleva en su corazón las palabras del anciano Simeón anunciando que una espada atravesará su alma, y permanece con fortaleza a los pies de la cruz de Jesús».[89]

María también preservó en la memoria la respuesta que le dio en el templo Jesús, a sus 12 años de edad, cuando le preguntó por qué se había ausentado durante tres días, en los que ella y José lo habían buscado llenos de angustia: «¿Por qué me buscaban? ¿No sabían que tengo que estar en la Casa de mi Padre?» (Lucas 2:49). Luego leemos que, aunque María y José «no entendieron lo que les decía», nuevamente ella «conservó estas cosas en su corazón» (Lucas 2:50-51).

---

[89] Francisco, «Mensaje del Santo Padre Francisco con ocasión de la XXII Jornada Mundial del Enfermo 2014», 6 de diciembre de 2013, *https://w2.vatican.va.*

El padre Angelo Mary Geiger, de los Padres Franciscanos de la Inmaculada, subraya que las palabras de Jesús le dan a María una clave interpretativa: «Tres días, la Casa del Padre». Luego entonces, «ella no se sorprenderá otra vez. La siguiente ocasión en que Jesús se ausente tres días», como ocurre cuando su cuerpo yace en el sepulcro, «ella sabrá perfectamente dónde encontrarlo».[90]

Las palabras de Jesús se fijan en el corazón de María y le dan el ánimo para seguir adelante, a pesar de que ella aún no puede saber de qué forma superará el trauma que vive. La fortaleza que la acompaña al pie de la cruz no proviene de olvidar su sufrimiento pasado, sino de recordarlo con una visión renovada.

## ¿Qué dice la Biblia sobre la sanación de la memoria?

Al poco tiempo de que empecé a escribir este libro, en abril de 2015, viajé a Dakota del Sur para impartir una conferencia sobre cómo sanar los recuerdos. Fue en una pequeña parroquia católica, dentro de una reserva india. Y vaya que ahí hacía falta mucha sanación, pues el lugar se conocía por sus altos índices de abuso de menores, consumo de drogas y suicidio.

Acababa de terminar mi conferencia, cuando una mujer de mediana edad que estaba en la primera fila levantó la mano para hacer una pregunta. Era evidente su mortifica-

---

[90] Las palabras de Geiger y otras reflexiones del presente capítulo se tomaron o adaptaron del capítulo 2 de *Mi paz os doy*.

ción. Se le notaba en el rostro apesadumbrado y la voz titubeante. Aunque le costaba sacar las palabras, admiré que se hubiera armado de valor para revelar su dolor en público.

—¿Hay algo… en la Biblia…? —dijo.

«Muy bien», pensé. «Quiere saber de la Biblia. No hay problema, estoy en mis terrenos».

—¿…algo en la Biblia que hable sobre las personas que desean recuperar su memoria? ¿Sobre la gente que bloquea su recuerdos de un trauma y luego los retoma?

«¡Un momento!», tuve que hacer una pausa mental para pensar en ello. Nadie me había preguntado eso.

Un año atrás, antes de comenzar a investigar sobre el pensamiento del papa Francisco, la pregunta me habría tomado totalmente desprevenida. Es cierto que la Biblia presenta muchas experiencias traumáticas, desde la expulsión de Adán y Eva del Edén hasta la Pasión de Jesús y los suplicios de los primeros cristianos. Pero, ¿dónde nos habla de recordar un dolor olvidado? ¿No sería más bien un fenómeno moderno, algo que se conoció luego de que el trastorno por estrés postraumático (TEPT) se incorporó al vocabulario público en la década de 1980?

No, no era así. De hecho me di cuenta de que era un fenómeno muy antiguo. La pregunta de la mujer tenía que ver con un importante tema del Nuevo Testamento, especialmente significativo para Francisco.

«La Biblia», comencé, «contiene *muchos* pasajes en que una persona bloquea un recuerdo traumático y más adelante lo recupera. Eso lo vemos en todos los evangelios.

»Pensemos en todas las ocasiones en que Jesús, cuando se dirige a Jerusalén, les dice a sus discípulos que el

Hijo del Hombre habrá de sufrir y sus captores se burla-
rán de él, lo azotarán, lo escupirán y lo matarán, pero al
tercer día resucitará.[91]

»A los discípulos les resultó *traumático* oír aquello. En
primer lugar, no concebían un Mesías que sufriera. Es-
peraban un Mesías guerrero que liberara a Israel de la
ocupación romana.[92] Así que la idea de verlo sufrir los
escandalizaba.[93]

»Aunado a ello, los discípulos amaban a Jesús más
que a nadie. Escucharlo predecir su muerte era como si
un hijo oyera a su propio padre decir que lo golpearían,
humillarían y matarían. Era demasiado para que pudieran asimilarlo.

»Entonces, ¿cómo reaccionaron? Bloquéandolo. Por
eso se quedaron perplejos cuando se cumplió la profecía
de la Pasión de Jesús. Como nunca esperaron que su líder
les fuera arrebatado, sólo atinaron a dispersarse.

»Esto nos muestra el problema real que surge cuando la
gente bloquea el recuerdo de un trauma del pasado. Casi
siempre que Jesús hablaba de la Pasión que iba a vivir,
agregaba que resucitaría al tercer día. Sin embargo, dado
que los discípulos bloquearon el recuerdo de las predic-
ciones de Jesús acerca de su Pasión, también bloquearon
su profecía de la *resurrección*. De manera que cuando lo
vieron crucificado perdieron cualquier esperanza.

»Pero, ¿qué sucede después de que Jesús resucita? En
una de sus homilías, el papa Francisco enfatiza que, cuan-

---

[91] *Véase*, por ejemplo, Marcos 10:33-34.

[92] *Véase* Lucas 19:11 y 24:21.

[93] *Véase* la reprensión de Pedro a Jesús en Mateo 16:22.

do María Magdalena y María llegan al sepulcro esperando ver el cuerpo de Jesús y descubren que ya no está, un ángel les señala: "Recuerden lo que él les decía cuando aún estaba en Galilea".[94] Y recordaron sus palabras. Lo primero que hace Jesús cuando regresa de entre los muertos es *restaurar nuestra memoria*.

»Esto queda hermosamente ejemplificado en el encuentro de Jesús con dos de los discípulos en el camino a Emaús.[95] Ninguno lo reconoce cuando se les acerca. Van conversando sobre lo recién acontecido en Jerusalén, es decir, la crucifixión de Jesús. Este les pregunta de qué hablan y ambos, con el semblante triste, bajan la mirada. ¿No es esto lo que hacemos cuando afrontamos un trauma? No queremos que los demás vean nuestra expresión.

»Los discípulos le narran a Jesús los hechos de la Pasión, pero en su voz no hay esperanza. Hasta le cuentan que unas mujeres fueron al sepulcro y afirmaron que Jesús estaba vivo, pero ellos mismos no recuerdan que él haya dicho que iba a resucitar. Bloquearon la predicción de su muerte porque no imaginaban a un Mesías sufriente. Así se aprecia cuando dicen: "Nosotros esperábamos que fuera él quien librara a Israel".

»En ese momento Jesús pudo haber respondido revelándoles su identidad, pero no lo hizo. En vez de eso, antes de mostrarles quién es realmente, primero sana su memoria. Cita a los profetas para recordar a los discípulos lo que él mismo les había dicho durante su vida terrenal:

---

[94] *Véase* Lucas 24:6-8. Me refiero a la homilía del papa Francisco sobre la «Vigilia Pascual» del 30 de marzo de 2013, *http://w2.vatican.va*.

[95] *Véase* Lucas 24:13-35.

que el Mesías entraría a la gloria a través del sufrimiento».

Al final agradecí la pregunta a la mujer, quien al parecer quedó satisfecha con mi respuesta. Luego comprendí que, sin importar cuánto la hayan ayudado mis palabras, ella me ayudó más a mí, pues me motivó a releer la homilía de Francisco acerca del sepulcro vacío. Al descubrir ahí de qué forma Cristo resucitado sanó la memoria de sus seguidores, examiné con más detenimiento cómo sana él mis propios recuerdos.

## El sepulcro vacío: el recuerdo que supera el temor

La homilía en que estaba pensando es una en que el papa habla del encuentro que María Magdalena y las otras mujeres de Galilea tuvieron con los ángeles en la mañana de la Resurrección. Las mujeres sienten temor ante la presencia de los ángeles en el sepulcro y porque no ven el cuerpo de Jesús. Es entonces cuando los ángeles les mencionan lo que Francisco califica de «crucial importancia»: «Recuerden lo que él les decía cuando aún estaba en Galilea: "Es necesario que el Hijo del Hombre sea entregado en manos de los pecadores, que sea crucificado y que resucite al tercer día". Y las mujeres recordaron sus palabras» (Lucas 24:6-8).

> Han de recordar su convivencia con Jesús, sus palabras, sus acciones, su vida; es justamente la entrañable evocación de su experiencia con el Maestro lo que les permite

a las mujeres vencer el temor y llevar la noticia de la Resurrección a los apóstoles y demás personas.[96]

Vale la pena hacer una pausa para ahondar en las implicaciones de las reflexiones de Francisco. Sugiere que, antes de que las mujeres que han acudido al sepulcro estén en condiciones de valorar y difundir la buena nueva de la Resurrección, deben escudriñar su pasado personal bajo la luz de la Pascua. Y pueden lograrlo recordando su «encuentro con Jesús»: «sus palabras, sus gestos, su vida».

Entre los recuerdos personales que las mujeres tienen de Jesús hay episodios traumáticos. También lo habían escuchado profetizar la Pasión que sufriría, y también fueron testigos de su cumplimiento. Pero la aflicción que sintieron al ver su suplicio y muerte las hizo olvidar su promesa de resucitar al tercer día. Gracias al recordatorio del ángel, pueden levantar el bloqueo mental que pusieron a aquel pasado doloroso y darse cuenta de que Jesús siempre las ha amado, siempre ha querido que depositen en él sus esperanzas y, ahora, ya resucitado, siempre estará con ellas.[97]

Estos pensamientos me permitieron contemplar a través de un cristal diferente el encuentro de Jesús con los discípulos en el camino a Emaús.

En el momento en que le dieron a conocer las cosas que vieron en Jerusalén, imaginándose que era un forastero, ¿por qué Jesús no les reveló quién era? ¿Por qué es-

---

[96] Francisco, homilía «Vigilia Pascual», *op. cit.*

[97] «Yo estaré siempre con ustedes hasta el fin del mundo» (Mateo 28:20).

peró a hacerlo sólo después de explicarles el significado de los acontecimientos recientes?

Me acuerdo cuando entré por primera vez a la Iglesia católica. Por esa época estaba empezando a superar el abuso que sufrí de niña. Al igual que los discípulos de Emaús, había encontrado a Jesús por medio de la fe, pero mi memoria estaba cubierta de nubarrones que impedían el paso de la luz de Cristo.

A medida que acoplé mi vida al ritmo de los sacramentos, asistiendo a misa no sólo cada semana sino a diario, y confesándome con regularidad, comencé a notar cambios en mi manera de percibir mi historia personal.

Al principio fue desconcertante: los recuerdos dolorosos se arremolinaban en mi conciencia cuando menos lo esperaba, incluso estando en misa. Pero con el tiempo y la ayuda de un buen guía espiritual aprendí que en el momento en que surgían los recuerdos no deseados podía ofrendarlos a Jesús en la eucaristía. De la misma manera en que a través del sacramento él se entregaba a mí, yo también, al recibirlo, le entregaba mi ser, y con él mis recuerdos.

Como diría san Ignacio de Loyola, mis traumas del pasado se volvieron parte de mi *Suscipe* (*véase* el capítulo 1). En este sentido me parecía a los discípulos en el camino a Emaús, que le confiaron a Jesús la crónica de los lamentables hechos que vieron.

Al ofrecer mi memoria pude entablar un hermoso diálogo con Cristo eucarístico. Cuando le di a Jesús mis recuerdos, comprendí que él me daba los suyos. Él, que en el camino a Emaús reconstruyó los recuerdos de sus discípulos, ahora reconstruía los míos. Recibí la gracia de poder entender mis sufrimientos a la luz de los del «Hijo de Dios, que me amó y se entregó por mí» (Gálatas 2:20).

Más adelante, en la carta encíclica *Lumen fidei* del papa Francisco, me encontré con una descripción de lo que viví. Dice él: «En [los sacramentos] se comunica una memoria encarnada, ligada a los tiempos y lugares de la vida, asociada a todos los sentidos».[98]

Esta nueva perspectiva para entender mis sufrimientos no sanó por sí sola las heridas invisibles del trauma que arrastraba desde la infancia. Seguí padeciéndolas. Fuera de mi control consciente, a veces se apoderaban de mí la ansiedad, la tristeza y las imágenes del pasado. Síntomas todos que se sumaban a mi estrés postraumático (TEPT). Después de tanto tiempo de llevar encarnado el dolor del pasado, las secuelas físicas no desaparecen así nada más.

No obstante, a pesar de que persistían esos síntomas, conforme pasó el tiempo fui dándome cuenta de que había una diferencia real en mi manera de experimentar los efectos del dolor. Cuando algún evento detonaba recuerdos no deseados que me hacían llorar, mis lágrimas ya no tenían la última palabra. A lo mejor el TEPT me molestaba, pero ya no me hacía daño. Y aunque me sacara de quicio —después de todo soy humana—, se mantenía inalterable mi condición de hija amada de Dios en Cristo.

El pasado dejó de ser mi enemigo. Ya no sería prisionera del miedo, la ira ni la vergüenza.

---

[98] Francisco, *Lumen fidei*, *op. cit.*, § 40.

## La eucaristía y la purificación de la memoria

¿De dónde provino el cambio? Ocurrió cuando entendí que los sentimientos de desamparo que me provocaban los recuerdos dolorosos eran únicamente eso: sentimientos. No eran lo verdadero. Lo verdadero era que Jesucristo me acompañaba muy de cerca cada vez que me asaltaba el dolor de cualquier herida. De hecho, ya estaba a mi lado desde que recibí las gracias del bautismo, pero si de manera consciente le pedía quedarse conmigo en mi aflicción, lo hacía en un plano más profundo e íntimo.

A esto la Iglesia lo llama un misterio. Es un misterio porque, aunque sepamos que es verídico, jamás podremos desentrañarlo. Y esta verdad misteriosa consiste en que, si uno mi corazón lastimado al corazón lastimado y glorificado de Jesús, sus heridas curarán las mías.

De ese modo Jesús sanó mi memoria y con ello me abrió los ojos para que pudiera participar de su resurrección. Tal como los discípulos reconocieron a Jesús cuando partió el pan después de que sanó sus recuerdos en el camino a Emaús, así también, cuanto más permitía yo que Jesús reconstruyera mi entendimiento, más lo reconocía cuando lo recibía en la eucaristía. Esto es posible por la gracia de la memoria, la memoria que la llama del amor de Cristo ha purificado.

María disfrutó de la gracia de la memoria a lo largo de su vida. San Juan Pablo II dijo: «Preparándose día a día para el Calvario, María vive una especie de "eucaristía anticipada", se podría decir, una "comunión espiritual", de deseo y ofrecimiento, que culminará en la unión con el Hijo en la Pasión».[99] No olvidó su encuentro con Dios; antes bien, se sostuvo de él para que Dios la acompañara siempre de la forma más íntima posible: en el dolor y en la alegría.

Gracias a esa inquebrantable intimidad, María tuvo la fortaleza para mantener la esperanza de los discípulos después de la ascensión de Jesús, mientras aguardaban el don del Espíritu Santo en el Pentecostés. Francisco observa: «Tan profundo fue su dolor, tanto que traspasó su alma, así su alegría fue íntima y profunda, y de ella se podían nutrir los discípulos. Tras pasar por la experiencia de la muerte y resurrección de su Hijo, contempladas en la fe como la expresión suprema del amor de Dios, el corazón de María se convirtió en una fuente de paz, de consuelo, de esperanza y de misericordia».[100]

Esta declaración del Santo Padre nos muestra que la memoria de María no era selectiva. Eligió recordar y guardar en su corazón todo su encuentro con Jesús, incluido el dolor. Pero el dolor no la doblegó, ya que depositó su corazón entero en Jesús. En vez de permitir que la condicionaran las tres horas de tinieblas, María se dejó llevar por la mañana de Pascua en que la luz de su Hijo resuci-

---

[99] Juan Pablo II, carta encíclica *Ecclesia de Eucharistia*, § 56, citada en Jorge Mario Bergoglio (cardenal), «La eucaristía: don de Dios para la vida del mundo», catequesis presentada en el Congreso Eucarístico Internacional el 18 de junio de 2008 en Quebec, Canadá. *http://www.vatican.va/*.

[100] Francisco, *Regina Coeli*, 21 de abril de 2014, *https://w2.vatican.va*.

tado, «Luz de Luz», se derramó sobre el mundo para jamás desaparecer. Ella sabía, como dijo Jesús a los discípulos del camino a Emaús, que ciertamente era «necesario que el Mesías soportara esos sufrimientos para entrar en su gloria» (Lucas 24:26).

Luego entonces, la Resurrección no borra la Pasión de la memoria de María. Más bien, *complementa* su experiencia y le brinda a María las herramientas para integrar adecuadamente el trauma a su identidad. Su dolor del pasado forma parte integral de su alegría del presente. Por tal motivo «ella sabe muy bien» cuál es el camino de sanación en Cristo, señala Francisco, «y por eso es la Madre de todos los enfermos y de todos los que sufren. Podemos recurrir confiados a ella con filial devoción, seguros de que nos asistirá, nos sostendrá y no nos abandonará. Es la Madre del crucificado resucitado [Jesús]: permanece al lado de nuestras cruces y nos acompaña en el camino hacia la resurrección y la vida plena».[101]

Es por ello que Francisco dice que nuestra memoria, como la de María, «debe quedar rebosante de las maravillas de Dios».[102] «Hacer memoria de lo que Dios ha hecho por mí, por nosotros, hacer memoria del camino recorrido; y esto abre el corazón de par en par a la esperanza para el futuro».[103]

Oremos con Francisco y pidamos la ayuda de María para recibir la gracia de la memoria:

---

[101] Francisco, «Mensaje del Santo Padre...», *op. cit.*
[102] Francisco, *Evangelii gaudium, op. cit.,* § 142.

¡Madre, ayuda nuestra fe! [...]
Siembra en nuestra fe la alegría del Resucitado.
Recuérdanos que quien cree no está nunca solo.
Enséñanos a mirar con los ojos de Jesús, para que él sea
luz en nuestro camino.
Y que esta luz de la fe crezca continuamente
en nosotros, hasta que llegue el día sin ocaso,
que es el mismo Cristo, tu Hijo, nuestro Señor.[104]

---

[103] Francisco, homilía «Vigilia Pascual», *op. cit.*
[104] Francisco, *Lumen fidei*, *op. cit.*, § 60.

# 4

## *Todo lo retorno a Ti*

---

### Para alcanzar las bienaventuranzas

En *La aventura de la castidad* cito una conversación con una amiga soltera que se sentía sola. Ella sacó a colación uno de los mensajes que la Virgen María le dio a santa Bernardita durante sus apariciones en la localidad de Lourdes: le prometió felicidad no en este mundo sino sólo en el venidero. La interpretación de mi amiga era que, ella misma, tampoco debía esperar ser feliz en este mundo.

En ese momento le respondí como lo haría cualquier amiga. Le dije que Dios tenía un plan de vida para ella orientado a su bienestar, no a su desdicha, para procurarle futuro y esperanza. Luego me di cuenta de que pude haber rebatido su interpretación. Después de todo, María es Nuestra Señora de la Esperanza. A pesar de que en sus apariciones reconocidas por la Iglesia, incluidas las de Lourdes, exhorta a los fieles a hacer penitencia, siempre pone de relieve la sanación en Cristo; una sanación que persigue la alegría en esta vida. Siendo uno de los principales centros de peregrinación en el mundo, la ciudad de Lourdes no se distingue por deprimir a sus visitantes.

¿Qué le quiso decir entonces María a Bernardita? ¿Acaso condenó a la adolescente francesa a una vida sin sentido al prometerle felicidad sólo en el cielo?

Eso no fue lo que pensó Bernardita. Para darnos una idea de cómo entendió el anuncio de María, revisemos una carta escrita 15 años después de las apariciones en Lourdes, en 1873, cuando ya era religiosa. El autor de la carta fue C. Alix, un sacerdote que la había guiado espiritualmente. Sus palabras significaron tanto para Bernardita que, a los diez años de haber recibido la carta, la transcribió de propio puño para tener una copia recién hecha de las palabras que tanto había leído y releído.

En la carta, el padre Alix le compartía a Bernardita «unas consideraciones sobre santidad» que esperaba que alimentaran sus meditaciones. Uno de sus consejos parece interpretar la promesa que le hizo María a la joven de darle felicidad en el cielo: «Mientras así lo disponga Dios, da la impresión de vivir en la tierra, pero vive en realidad en el cielo dentro de tus pensamientos, tus sentimientos y tus deseos».[105]

¿De qué manera empezamos a vivir la vida del cielo estando en la tierra? A través de los tiempos, la sabiduría de la Iglesia da la respuesta con las bienaventuranzas.

---

[105] Patricia A. McEachern, *A Holy Life: St. Bernadette of Lourdes* [Un vida de santidad: santa Bernardita de Lourdes], Ignatius Press, San Francisco, 2005, p. 68.

Cuando el *Catecismo* habla de ellas, emplea los términos «ya» y «desde ahora», austeros pero prácticos. Leemos que las bienaventuranzas «anuncian a los discípulos las bendiciones y las recompensas ya incoadas» (*CEC* 1717). Y que, aun cuando a los «limpios de corazón» no se les permitirá ver a Dios cara a cara sino hasta la vida siguiente, «ya desde ahora esta pureza nos concede ver según Dios, recibir al otro como un "prójimo"; nos permite considerar el cuerpo humano, el nuestro y el del prójimo, como un templo del Espíritu Santo, una manifestación de la belleza divina» (*CEC* 2519).

## La alborada que disipa la oscuridad

No sabía nada de lo anterior antes de recibir la fe en Jesús. Sabía que anhelaba amor, pero no creía que de verdad fuera digna de ser amada. El abuso que sufrí de niña me hizo pensar que yo valía no por quien era, sino únicamente por lo que hacía. Mi soledad me llevó a buscar amor donde no había.

El padre Daniel A. Lord, de la Compañía de Jesús, escribió que «toda la perspectiva cristiana debería colorearse con la alborada de la Pascua».[106] A lo largo de estos años, desde que me convertí al cristianismo, y sobre todo desde que me uní a la plenitud de la fe católica, he constatado que la alborada de la Pascua se asomaba en el horizonte aun en aquellas épocas en que viví como si

---

[106] Daniel A. Lord, *Death Isn't Terrible* [La muerte no es terrible], The Queens Work, St. Louis, 1940, p. 15.

Dios no existiera. Al mirar atrás, puedo reconocer ciertos momentos en que se notaba Su intervención.

Hubo uno en especial. Ocurrió una noche de octubre de 1995. Yo tenía 27 años y padecía lo que hoy sé que se llama trastorno por estrés postraumático (TEPT), el cual, como comenté anteriormente, surgió a raíz del abuso que viví en la infancia. Aun cuando mi psiquiatra me había recetado antidepresivos, lo único que cruzaba por mi mente era el suicidio. Mi forma de seguir adelante consistía en pensar en algún evento emocionante que estuviera próximo —lo más común era un concierto de *rock*— y hacerme a la idea de no atentar contra mí misma sino hasta que el evento hubiera pasado.

Aquella noche de 1995 me encontraba en uno de ellos: el concierto, en un club nocturno de Manhattan, de un cantante que estaba de gira. Lo había admirado en secreto durante diez años y había fantaseado románticamente con él, como lo hace la gente con sus ídolos.

Como asistí en calidad de periodista musical, al final del concierto me dejaron permanecer en el club mientras el cantante departía con sus amigos. En eso se me presentó la oportunidad de saludarlo. Era profesional y amable. Pero me desilusionó que no se enamorara de mí al instante, aunque en realidad yo no lo esperaba.

Lo único que me quedaba por hacer era perderme entre las calles esa medianoche y tomar el subterráneo para dirigirme a casa. Sin embargo, me rehusaba a irme. Como el concierto era mi tabla de salvación para no pensar en el suicidio, temía que a mi regreso me acecharan mis negras intenciones. Así que estuve dando vueltas en el club a media luz, sintiéndome fuera de lugar mientras los amigos del cantante conversaban entre ellos. Luego, el cantante, sin la presión del espectáculo, se sentó en la orilla del escenario a cantar y tocar despacio su guitarra acústica. Me dieron ganas de pedirle una canción que deseaba oír, pero no quise echar a perder el momento.

Cuando terminó de tocar, sus amigos dejaron de platicar para aplaudirle. También yo aplaudí… y tímidamente le pedí mi canción.

Fue como si el cantante no me hubiera escuchado. Volvió a tocar la guitarra y sus amigos siguieron charlando. De nuevo pensé en marcharme, ya había estado demasiado tiempo allí; pero otra vez me invadió ese miedo de regresar a casa sin ninguna esperanza.

En eso el cantante cantó su canción… *mi* canción.

Era una especie de canción de amor, aunque más bien se trataba de lo que sentimos cuando nos damos cuenta de que nunca resolveremos el misterio de la otra persona. Expresaba de qué manera la amada está dentro del amante, y sin embargo el amante nunca puede contener del todo a la amada. Hoy pienso en ello y se me viene a la mente un pasaje del libro del Eclesiastés: «Todos los ríos van al mar y el mar nunca se llena» (Eclesiastés 1:7).

Recuerdo cómo veía y escuchaba a aquel cantante, queriendo congelar ese instante en el tiempo. ¡Me quedé tan maravillada! De pronto me estremeció la idea de que el cantante, al tocar la canción que le pedí, me había obsequiado algo más íntimo que si hubiera pasado la noche conmigo. Pero aquella intimidad que experimenté no era con él, sino que lo trascendía; era algo hermoso e impalpable.

Si en ese momento me hubieran dicho que, en realidad, lo que anhelaba era encontrar a Dios, no lo habría
creído. Sin duda ansiaba tener a alguien, pero para mí
Dios no era una persona. Con todo, en el fondo de mi alma deseaba algo que la vida que llevaba no podía darme. Y al mismo tiempo que mi deseo frustrado me sumía
en la soledad y la desesperanza, el deseo que experimenté en aquel momento contenía una pizca de lo que nece-
sitaba. Por eso me sentí maravillada, ahora lo comprendo. Aquel deseo me mostró cómo sería mi vida si permitía que Dios reordenara mis demás deseos. Tan ajeno y
tan conocido, era un adelanto de la bienaventuranza de
los puros de corazón.

## Poner nuestro rostro en las bienaventuranzas

El papa Francisco emplea una imagen evocadora para
describir las bienaventuranzas. Las llama «el carné de
identidad del cristiano».[107]

Qué metáfora tan interesante. El papa no se limita a
decir que hay que apegarse a las bienaventuranzas, como
si fueran un credo o código de honor. Más bien, nos invita a imaginarnos una identificación con una fotografía
nuestra.

Pero creo que hay una gran diferencia entre la imagen
de carné de identificación que nos formamos y lo que

---

[107] Francisco, «Misas matutinas en la capilla de la *Domus Sanctae Marthae*», 9 de junio
de 2014, *http://w2.vatican. va*.

Francisco quiere que concibamos. Las fotos para las iden-
tificaciones suelen tomarse precipitadamente, con mala
iluminación, luego de hacer fila y sin poder esbozar una
sonrisa franca. (Hablo de mi propia experiencia. La foto
de mi identificación parece de un archivo de la policía.)
Sin embargo, al decir Francisco «carné de identidad del
cristiano» no se refiere a que pongamos nuestra peor cara,
sino la *mejor*. Nos encontramos ante el misterio de nuestra identidad como hijos de Dios en Cristo, quien proveyó a sus seguidores de las bienaventuranzas como un
«programa de santidad».[108]

Al pedirnos poner nuestro rostro en las bienaventuranzas, Francisco crea una armonía con el *Catecismo*, que
dice: «Las bienaventuranzas dibujan el rostro de Jesucristo y describen su caridad» (*CEC* 1717). Descubrimos
nuestra identidad en las bienaventuranzas porque nos
permiten contemplar el rostro de Jesús.

Esto me recuerda una de las imágenes verbales favori-
tas de Francisco: a través de la fe, nuestro rostro se vuelve
un espejo que refleja el de Cristo. En la carta encíclica
*Lumen fidei* menciona las implicaciones de esta imagen y
cita a san Pablo: «Dios […] hizo brillar su luz en nuestros
corazones para que resplandezca el conocimiento de la
gloria de Dios, reflejada en el rostro de Cristo» (2 Corintios 4:6). «La luz de Cristo brilla como en un espejo en el
rostro de los cristianos», dice Francisco, «y así se difunde
y llega hasta nosotros, de modo que también nosotros
podamos participar en esta visión y reflejar a otros su luz,

---

[108] *Ibíd.*

igual que en la liturgia pascual la luz del cirio enciende otras muchas velas».[109]

Así, en la visión de Francisco, nuestra identidad como cristianos nace del encuentro con la luz de Cristo —la fe transmitida por medio de la Iglesia—, tal como el cirio que sostenemos en la misa de Vigilia Pascual se enciende con la llama del cirio pascual.

## Encuentro con Jesús a través de sus llagas

Luego de usar la imagen del cirio pascual para hablar de la identidad cristiana, Francisco se concentra en otro simbolismo de especial significado para quienes han sufrido heridas.

El cirio pascual se enciende durante la liturgia de la Vigilia Pascual —de ahí su nombre— y simboliza (según el *Misal Romano)* «la luz de Cristo gloriosamente resucitado» que «[disipa] las tinieblas de la inteligencia y del corazón». Justo antes de encenderlo, el sacerdote coloca, en forma de cruz, cinco granos de incienso en el cirio para representar las llagas de Cristo. Mientras incrusta los granos en la cera, reza: «Por sus llagas santas y gloriosas nos proteja y nos guarde Jesucristo nuestro Señor».

Es sólo después de que el sacerdote dirige nuestra atención a las llagas cuando la luz de Cristo resucitado, representada por el cirio encendido, resplandece y com-

---

[109] Francisco, *Lumen fidei, op. cit.,* § 37.

parte su llama a todos los cirios del templo. Francisco observa: «Sus llagas gloriosas [...] son escándalo para la fe, pero también son verificación de la fe».[110] La luz de la fe —la *lumen fidei* que nos ilumina y da identidad como cristianos— es precisamente la luz de Cristo *herido*. Un teólogo escolástico como Tomás de Aquino diría que la luz de Cristo nos llega bajo la «especie» de sus llagas, y en efecto Aquino dice algo muy similar en su *Suma Teológica*. Apunta: «La eucaristía es el sacramento de la pasión de Cristo en el sentido de que el hombre queda unido perfectamente a Cristo en su pasión».[111]

Este es el Cristo que encontramos e imitamos por medio de las bienaventuranzas: Cristo, que murió por nosotros en la cruz, y que hoy, desde el cielo, se nos entrega «por sus llagas santas y gloriosas». Al hacerse pobre él mismo, nos marcó el camino para la primera de las bienaventuranzas, de la que se derivan las demás: «Bienaventurados los pobres en espíritu, porque de ellos es el reino de los cielos». Jesús «se hizo pobre por nosotros, a fin de enriquecernos con su pobreza» (2 Corintios 8:9). Padeció por causa nuestra y nos dejó un ejemplo para seguir sus pasos (1 Pedro 2:21). Las bienaventuranzas son los peldaños para que escalemos al cielo.

Entre esos peldaños hay una bienaventuranza a la cual el *Catecismo* le da un significado especial para que

---

[110] Francisco, «Mensaje del Santo Padre Francisco con ocasión de la XXIII Jornada Mundial del Enfermo 2015», 30 de diciembre de 2014, *http://w2.vatican.va*.

[111] Santo Tomás de Aquino, *Suma Teológica*, III, q. 73, a. 3, ad. 3. La cita del original en inglés fue tomada de la traducción de Benziger Bros./Christian Classics. (La cita en español fue tomada de *Suma Teológica de Santo Tomás de Aquino*, versión *web: http://hjg.com.ar/sumat/*).

crezcamos en el amor a Dios y al prójimo: «Bienaventurados los de limpio corazón, porque ellos verán a Dios». Pero, antes de adentrarnos en ella, que es la sexta, hablemos un poco más de la de los pobres en espíritu. Ambas bienaventuranzas van estrechamente de la mano y el papa Francisco nos explica por qué.

## *Pobreza en espíritu: vive tu bautismo*

Al revisar los vínculos que Francisco observa entre la pobreza en espíritu y la pureza o limpieza de corazón, surgen dos palabras fundamentales para entender por qué asocia esas bienaventuranzas: «amor» y «carne».

Empecemos por «amor». Francisco nos pide cuestionarnos: «¿Qué es, pues, esta pobreza con la que Jesús nos libera y nos enriquece?». La respuesta, agrega, es que la pobreza de Cristo «es precisamente su modo de amarnos, de estar cerca de nosotros».[112] ¿Y en qué consiste ese «modo de amarnos»? En que Jesús nos haga partícipes de su relación con el Padre. Francisco continúa: «Cuando Jesús nos invita a tomar su "yugo llevadero", nos invita a enriquecernos con esta "rica pobreza" y "pobre riqueza" suyas, a compartir con Él su espíritu filial y fraterno, a convertirnos en hijos en el Hijo, hermanos en el Hermano Primogénito».[113]

Por ende, la bendición de los pobres en espíritu es la bendición de quienes viven la relación bautismal con

---

[112] Francisco, «Mensaje del Santo Padre Francisco para la cuaresma 2014», 26 de diciembre de 2013, *http://w2.vatican.va.*

[113] *Ibíd.*

Dios y con el prójimo. En ese sentido, indica Francisco, es la pobreza de Cristo lo que nos salva. «En toda época y en todo lugar, Dios sigue salvando a los hombres y salvando el mundo mediante la pobreza de Cristo, el cual se hace pobre en los sacramentos, en la Palabra y en su Iglesia, que es un pueblo de pobres».[114]

Esto nos lleva a la otra palabra que resulta importante para comprender el vínculo que ve Francisco entre la pobreza en espíritu y la pureza de corazón: «carne». Ya vimos que nuestro encuentro con la luz de Cristo es un encuentro con aquel que lleva «llagas gloriosas». Estas llagas gloriosas manifiestan la pobreza en espíritu de Cristo, la cual nos salva al hacernos partícipes de la familia de Dios. Manifestamos *nuestra* pobreza en espíritu al actuar como hijos de nuestro Padre celestial, compartiendo su amor; y para lograrlo, dice Francisco, hay que tocar «la carne herida de Jesús».[115]

«Y esta es nuestra pobreza», insiste, «la pobreza de la carne de Cristo, la pobreza que nos ha traído el Hijo de Dios con su Encarnación. Una Iglesia pobre para los pobres empieza con ir hacia la carne de Cristo. Si vamos hacia la carne de Cristo, comenzamos a entender algo, a entender qué es esta pobreza, la pobreza del Señor».[116]

---

[114] *Ibíd*

[115] Francisco, «Discurso del Santo Padre Francisco a los participantes en la 37 Asamblea Nacional de Renovación Carismática en el Espíritu Santo», 1 de junio de 2014, *http:// w2.vatican.va.*

[116] La cita del original en inglés fue tomada de «Pope's Q-and-A with Movements», 21 de mayo de 2013, *Zenit, http://www.zenit.org.* La cita en español: Francisco, «Vigilia de Pentecostés...», *op. cit.*

Desde esta perspectiva, nuestra pobreza en espíritu cobra una dimensión profundamente eucarística. En la eucaristía, Jesús nos toca con su carne herida para que podamos reconocerla en quienes nos rodean y establezcamos con ellos un lazo de amor. En *Lumen fidei*, Francisco apunta: «Con su encarnación, con su venida entre nosotros, Jesús nos ha tocado y, a través de los sacramentos, también hoy nos toca; de este modo, transformando nuestro corazón, nos ha permitido y nos sigue permitiendo reconocerlo y confesarlo como Hijo de Dios».[117]

## *Pureza de corazón: edifica tu capacidad de Dios*

Esas palabras de Francisco empiezan a mostrar el vínculo entre la pobreza en espíritu y la pureza de corazón. La pobreza en espíritu es fruto de nuestro encuentro inicial con el amor de Jesús; la pureza de corazón también es fruto de ese encuentro, pero extendido a lo largo del tiempo a medida que la gracia divina nos mueve desde nuestro interior a transformarnos constantemente.

Francisco comenta que, a fin de entender el significado de la pureza de corazón, «hay que comprender el significado bíblico de la palabra *corazón*».[118] Explica: «Para la cultura semita el corazón es el centro de los sentimientos,

---

[117] Francisco, *Lumen fidei, op. cit.*, § 31

[118] Francisco, «Mensaje del Santo Padre Francisco para la XXX Jornada Mundial de la Juventud 2015», 31 de enero de 2015, *http://w2.vatican.va.*

de los pensamientos y de las intenciones de la persona humana. Si la Biblia nos enseña que Dios no mira las apariencias, sino al corazón [...], también podríamos decir que es desde nuestro corazón desde donde podemos ver a Dios. Esto es así porque nuestro corazón concentra al ser humano en su totalidad y unidad de cuerpo y alma, su capacidad de amar y ser amado».[119]

La pureza de corazón es el pilar de nuestra *capax Dei* o capacidad de Dios —nuestro corazón moldeado por Él—. Hasta podríamos decir, en términos de san Agustín, que *extiende* el corazón. Él escribe: «Lo que deseas aún no lo ves, pero deseándolo te capacitas para que, cuando llegue lo que has de ver, te llenes de ello. [...] De igual manera, Dios, difiriendo el dártelo, extiende tu deseo, con el deseo extiende tu espíritu y extendiéndolo lo hace más capaz».[120]

Así que para Francisco la pobreza en espíritu nos une al amor salvador de Jesús, mientras que la pureza expande nuestro corazón y nos convierte en conductos de ese amor. En este sentido, la pureza de corazón nos permite participar del amor que nos salva. El sufrimiento que padecemos cuando estamos en proceso de purificación nos hace compartir la Pasión de Cristo. El beato John Henry Newman dice: «La pureza prepara el alma para el amor, y

---

[119] *Ibíd.*

[120] San Agustín, *Homilías sobre la Primera Carta de San Juan a los Partos,* 4.6. Todas las citas del original en inglés de las *Homilías...* fueron tomadas de la traducción de Boniface Ramsey, *Homilies on the First Epistle of John,* New City Press, Hyde Park, Nueva York, 2008. (Las citas en español fueron tomadas de San Agustín, *Tratados sobre la primera carta de San Juan,* Biblioteca de Autores Cristianos [BAC], Federación Agustiniana Española [FAE], *http://www.augustinus.it/spagnolo/commento_lsg/index2.htm*).

el amor confirma el alma en la pureza. La llama del amor
no será brillante a menos que su alimento sea limpio e
incontaminado; y la más cegadora pureza será frialdad y
desolación a menos que reciba su aliento de un ferviente
amor».[121]

## La mujer de las bienaventuranzas

Francisco relata que ese «ferviente amor» era distintivo de
una mujer que vivió las bienaventuranzas a tal perfección
que el cielo le abrió sus puertas. «La Madre del Crucificado Resucitado entró en el santuario de la misericordia
divina porque participó íntimamente en el misterio de
su amor».[122] Es por ello que María es ejemplo de pureza
de corazón, a pesar de que ella misma, libre de pecado,
jamás necesitó purificarse. Sufrió con Jesús y ascendió a
su lado cuando terminó su vida terrenal (Romanos 8:17,
2 Timoteo 2:12)

María, sin embargo, no es simplemente un ejemplo
a seguir. Desde su *fiat* —su «sí» gozoso durante la Anunciación (Lucas 1:38)— se convirtió en nuestra Madre y
guía. «El "sí" de María, ya perfecto al inicio, creció hasta
la hora de la Cruz», refiere Francisco. «Allí su maternidad

---

[121] La cita original en inglés fue tomada de John Henry Newman, «Discourse 4: Purity
and Love», National Institute for Newman Studies, 2007, *http://www.newmanreader.org*.
(La cita en español fue tomada de John H. Newman, *Discursos sobre la fe*, introducción,
notas y traducción de José Morales, Nebli, Clásicos de Espiritualidad, Madrid, 2000,
p. 89).

[122] Francisco, *Misericordiae Vultus. Bula de convocación del jubileo extraordinario de la
misericordia*, § 24, *http://w2.vatican.va*.

se dilató abrazando a cada uno de nosotros, nuestra vida, para guiarnos a su Hijo».[123]

«Podemos hacernos una pregunta», continúa Francisco: «¿Nos dejamos iluminar por la fe de María, que es nuestra Madre? ¿O bien la pensamos lejana, demasiado distinta de nosotros?».[124]

Porque María no es una escultura de yeso, Francisco nos exhorta a verla como una persona real, que vive en el cielo y que está siempre dispuesta a ayudarnos mediante la gracia que ha recibido en su relación única con Dios. «Ella vive con Jesús completamente transfigurada [...]. Ella no sólo guarda en su corazón toda la vida de Jesús, [...] sino que también comprende ahora el sentido de todas las cosas. Por eso podemos pedirle que nos ayude a mirar este mundo con ojos más sabios».[125]

## Pide la pureza en oración

Me gustaría tener «ojos sabios» para poder alcanzar la pureza de corazón que le permitió a María disfrutar de la vida celestial mientras todavía se encontraba en la tierra. Por ello le pido ayuda de diversas formas.

En general, trato de acercarme a María a través de prácticas devocionales que cualquier católico conoce, como el rosario y la misa diaria (he comprobado que este es un

---

[123] Francisco, «Audiencia general», 23 de octubre de 2013, *http://w2.vatican.va*.
[124] *Ibíd.*
[125] Francisco, carta encíclica *Laudato Si*, § 241, *http://w2.vatican.va*.

hábito que de verdad cambia vidas). Algunas las aprendí en la Angelic Warfare Confraternity (Cofradía de la Guerra Angelical, *www.angelicwarfareconfraternity.org)*, de la Orden Dominicana, una hermandad integrada por hombres y mujeres que, unidos en oración, viven en castidad a semejanza de María y santo Tomás de Aquino. Pero existe una devoción mariana menos conocida que me ha ayudado en especial a purificar mi corazón: los Siete Dolores.

También conocidos como *Via Matris* («El Camino de María»), la devoción de los Siete Dolores consiste en orar haciendo siete «estaciones», las cuales corresponden a sucesos penosos que vivió María en relación con la ausencia o el sufrimiento de su Hijo. Hay varias formas de hacerlo; yo rezo un *Ave María* por cada dolor:

1. La profecía de Simeón (Lucas 2:34-35).
2. La huida a Egipto (Mateo 2:13-14).
3. La pérdida del niño Jesús durante tres días (Lucas 3:43-45).
4. El encuentro de María con Jesús en el *Vía Crucis*.
5. La crucifixión de Jesús.
6. La recepción del cuerpo de Jesús al bajarlo de la cruz.
7. El entierro de Jesús.

Lo primero que me atrajo de esta devoción es que ayuda a enfrentarse al trauma en compañía de María y de Jesús. A través de una vida entera de compasión, María mostró de qué manera soy partícipe de la Pasión de Cristo y estoy llamada también a unir mi corazón lastimado al corazón lastimado y glorificado de Jesús. Descubrí entonces que la oración es una herramienta poderosa para sanar la memoria y que la devoción de los Siete Dolores no sólo puede aliviar mis recuerdos: también puede ayudarme a crecer en gracia, siempre que la rece con la única finalidad de alcanzar la pureza de corazón. Yo lo consigo haciendo una reflexión en cada dolor para librarme de la tentación de los siete pecados capitales —«Son llamados "capitales" porque generan otros pecados, otros vicios» (*CEC* 1866)—. Mientras llevo a cabo la contemplación, me dirijo a María y le pido orientarme para recibir la virtud que me permita vencer cada una de mis vilezas personales. Recemos juntos los Siete Dolores:

**1. LA PROFECÍA DE SIMEÓN**: Oremos por librarnos de la tentación de la envidia.

La envidia es la tristeza o pesar que se siente ante el bien ajeno. Cuando Simeón le dijo a María que, por causa de Jesús, una espada le atravesaría el corazón (Lucas 2:35), ella tuvo un sentimiento contrario a la envidia. Se sintió tan afligida por los malos augurios que se cernían sobre su Hijo que deseó sufrir ella en su lugar si eso era posible. *María, oro por que pueda yo expandir mi corazón a fin de «alegrarme con los que están alegres, y llorar con los que lloran»* (Romanos 12:15).

**2. LA HUIDA A EGIPTO**: Oremos por librarnos de la tentación de la pereza.

María y José respondieron de inmediato a la orden del ángel de dejar su casa y sus familias y exiliarse en una tierra extraña. Estaban prestos a hacer lo que Dios les indicara, aun a costa de su comodidad personal, por el amor a Jesús. *María, oro por ser perseverante en el combate que se me presenta, con la mirada fija en Jesús* (Hebreos 12:1-2).

**3. LA PÉRDIDA DEL NIÑO JESÚS DURANTE TRES DÍAS:** Oremos por librarnos de la tentación de la ira.

Cuando María y José encontraron a su Hijo de 12 años de edad en el templo luego de buscarlo durante tres días, lo natural habría sido que se enojaran con él por haberlos angustiado tanto. No obstante, aunque le comunicó a Jesús su gran preocupación y la de José, María se dirigió a él con el más puro amor (Lucas 2:48). *María, enséñame a cultivar el amor que es paciente y servicial, que no se irrita, que no toma en cuenta el mal recibido* (1 Corintios 13:4-5).

**4. EL ENCUENTRO DE MARÍA CON JESÚS EN EL VÍA CRUCIS:** Oremos por librarnos de la tentación de la gula.

María ansiaba ver el rostro de Jesús por última vez. Lo miró sabiendo que era el Camino, la Verdad y la Vida. Todo el deseo de María culminaba en vivir en el amor de Cristo. *María, oro por gozar de la bendición de aquellos «que tienen hambre y sed de justicia, porque serán saciados»* (Mateo 5:6).

**5. LA CRUCIFIXIÓN DE JESÚS:** Oremos por librarnos de la tentación de la lujuria.

María vio cómo el cuerpo de Jesús —la propia car

ne y sangre de María— fue traspasado por los clavos para redimir al mundo del pecado, incluidos los pecados de la carne. *Bendita Madre, oro por que mis deseos pecaminosos sean crucificados con Cristo, para que pueda glorificar a Dios en mi cuerpo* (Gálatas 2:19, 1 Corintios 6:20).

6. **La recepción del cuerpo de Jesús al bajarlo de la cruz:** Oremos por librarnos de la tentación de la soberbia.

A María no la invadió la soberbia por su inmaculada concepción. No poseía nada que no le hubiera sido dado. Debió haber sentido una inmensa gratitud al ver que su Hijo cumplía su sacrificio, comprendiendo que Dios había concedido la redención del pecado de la propia María en atención a los méritos profetizados que Jesús obtendría para la humanidad (*CEC* 491). *María, oro por recibir la bendición de los pobres en espíritu, a fin de que pueda alcanzar el Reino de los Cielos* (Mateo 5:3).

7. **El entierro de Jesús:** Oremos por librarnos de la tentación de la avaricia.

María fue testigo del entierro de Jesús en un sepulcro que había adquirido un hombre rico (Juan 19:38), lo que es una extraña paradoja, pues ni ella ni Jesús persiguieron nunca la riqueza material. Como su Padre celestial, Jesús era «rico en misericordia, por el gran amor con que nos amó» (Efesios 2:4), mientras que María acumuló tesoros no en la tierra sino en el cielo (Mateo 6:19-20). *María, oro por que mis tesoros estén donde están los tuyos, pues ahí estará también mi corazón* (Mateo 6:21).

Finalizamos nuestras peticiones de pureza de corazón convirtiendo en oración este mensaje del papa Francisco: «La alegría del Evangelio brota de un corazón pobre, que sabe regocijarse y maravillarse por las obras de Dios, como el corazón de la Virgen, a quien todas las generaciones llaman "dichosa" [...]. Que Ella, la madre de los pobres y la estrella de la nueva evangelización, nos ayude a vivir el Evangelio, a encarnar las bienaventuranzas en nuestra vida, a atrevernos a ser felices».[126]

---

[126] Francisco, «Mensaje del Santo Padre Francisco para la XXIX Jornada Mundial de la Juventud 2014», 21 de enero de 2014, *http://w2.vatican.va*.

# 5

## *Todo es tuyo: dispón de ello según tu voluntad*

### Para hacer una oración valiente

Cuando el novicio jesuita Jorge Bergoglio hizo su primer Gran Retiro, lo impresionó mucho una instrucción que aparece varias veces en los *Ejercicios espirituales:* «Pedir la gracia que deseo». La instrucción revela que Ignacio quería que los jesuitas tuvieran la valentía de expresar sus deseos ante Dios. Para él, como para san Pablo, únicamente la gracia de Dios hace posibles nuestros deseos, de acuerdo con el designio que tenga para nosotros (Filipenses 2:13).

Aquella valentía que Ignacio pedía de sus compañeros es la misma que Francisco pide ahora de todos los fieles. No sólo dice que hay que practicar una «oración valiente»,[127] sino que va más allá al declarar que «una oración

---

[127] Francisco, «Misas matutinas en la capilla de la *Domus Sanctae Marthae*», 1 de julio de 2013, *http://w2.vatican.va.*

que no sea valiente no es una verdadera oración».[128] Si
bien es normal que al hablar de valentía de los fieles pensemos en la valerosidad de quienes poseen un celo misionero, también hay «valentía de hablar cara a cara con
el Señor […]. Se trata de "ir al Señor con valor para pedirle cosas"». Francisco concluye: «Resulta agotador, cierto, pero esto es oración. Esto es lo que significa recibir la
gracia de Dios».[129]

## El logro espiritual de Ignacio de Loyola

En su época de joven soldado, Ignacio de Loyola gozaba
de la admiración de sus compañeros por su gran valentía,
pero se rehusaba a esforzarse por orar. Más bien, como
vimos en el capítulo 1, era presa de un «gran y vano deseo
de ganar honra».[130]

En 1521, cuando Ignacio tenía cerca de 29 años de
edad,[131] durante una batalla una bala de cañón le fracturó
una pierna. Un médico se la atendió, pero los huesos no
soldaron adecuadamente. Una vez que Ignacio fue lleva-
do al castillo de los Loyola, su familia, que era rica, hizo
llevar a expertos cuyo diagnóstico indicó que era necesario partir nuevamente los huesos para reacomodarlos.
Debido a que la medicina no estaba muy desarrollada en

---

[128] Francisco, «Misas matutinas en la capilla de la *Domus Sanctae Marthae*», 10 de octubre de 2013, *http://w2.vatican.va.*

[129] Francisco, «Misas matutinas…», 1 de julio de 2013, *op. cit.,* y su versión en inglés «Morning Meditation».

130 Autobiografía de Ignacio de Loyola, *A Pilgrim's Journey…, op. cit. (El peregrino…, op. cit.),* p. 37.

131 Tylenda, "Introduction", en *Pilgrim's Journey…, op. cit.,* p. 15.

esa época, Ignacio se sometió a la operación sin anestesia.

Esta segunda operación fue un éxito, pues la pierna sanó. Ignacio pudo caminar otra vez. Sin embargo, no quedó satisfecho, ya que los huesos debajo de la rodilla se habían acoplado mal, dejándole un pequeño bulto nada estético. En su autobiografía (escrita en tercera persona), refiere que la vanidad lo orilló a tomar decisiones drásticas: «Porque determinaba seguir [en] el mundo y juzgaba que aquello le afearía, se informó de los cirujanos si se podía aquello cortar, [si bien] los dolores serían mayores que todos los que habían pasado [...]. Y todavía él se determinó martirizarse por su propio gusto».[132]

Llama la atención la mofa que el propio Ignacio hace cuando menciona que estuvo dispuesto a «martirizarse» a causa de su vanidad. Está preparando el entorno para el momento en que Dios use su debilidad como medio para conducirlo a la santidad.

Ese momento llegó cuando Ignacio se recuperaba de esta otra intervención. Postrado en la cama, le pidió a su hermana Magdalena, la señora del castillo, traerle libros para leer. Él pensaba en «libros mundanos y falsos, que suelen llamar de Caballerías»,[133] relatos de caballeros con armadura entregados a grandes hazañas para ganarse el favor de las hermosas doncellas. Pero lo único que Magdalena le llevó fueron libros cristianos: uno sobre la vida de Cristo y otro sobre la vida de los santos.

---

[132] Autobiografía de Ignacio de Loyola, *A Pilgrim's Journey...*, *op. cit.* (*El peregrino...*, *op. cit.*), pp. 42 y 43.

[133] *Ibíd.*, p. 44.

Y ocurrió que Ignacio se puso a leer esos libros cristianos con frecuencia y, quizá para sorpresa suya, les cobró cariño. Con todo, su mente seguía fantaseando con las historias de caballerías que tanto había leído: «Y de muchas cosas vanas que se le ofrecían, una tenía tanto poseído su corazón, que se estaba luego embebido en pensar en ella dos y tres y cuatro horas sin sentirlo, imaginando lo que había de hacer en servicio de una señora».[134]

Sus fantasías románticas eran bastante explícitas: él mismo narra que imaginaba viajar al país donde vivía la doncella de alta cuna, las palabras con que se dirigiría a ella y las hazañas que llevaría a cabo para impresionarla. No obstante, la gracia de Dios hizo que se ocupara también en otros pensamientos durante su convalecencia: «Porque, leyendo la vida de nuestro Señor y de los santos, se paraba a pensar, razonando consigo: "¿Qué sería si yo hiciese esto que hizo San Francisco, y esto que hizo Santo Domingo?"».[135]

Así como sus fantasías mundanas se encaminaban a realizar magníficos actos al servicio de una dama, las cavilaciones inspiradas por los santos lo llevaron a contemplarse a sí mismo alcanzando enormes proezas al servicio de Dios. Pensó «en ir a Jerusalén descalzo, y en no comer sino hierbas y en hacer todos los demás rigores que veía haber hecho [a] los santos».[136] Si san Francisco o santo Domingo pudieron hacerlo, él también podía. A decir verdad, sintió que *tenía* que hacerlo.

---

[134] *Ibíd.*, p. 45.

[135] *Ibíd.*, p. 47.

[136] *Ibíd.*, p. 48.

Durante largos periodos posteriores, la mente de Ignacio estaría ocupada por pensamientos orientados a la santidad; no obstante, a la larga su atención se desviaría y volvería a sus fantasías mundanas. Pero un día se permitió detenerse a reflexionar a dónde lo llevaban dichas fantasías. Se dio cuenta de que, cuando se embebía imaginando que lograba hazañas heroicas a favor de alguna princesa, «se deleitaba mucho; mas cuando después de cansado lo dejaba, hallábase seco y descontento».[137] En cambio, cuando consideraba imitar los sacrificios extremos de los santos, «no solamente se consolaba [con] tales pensamientos, [sino que] después […] quedaba contento y alegre».[138]

Ignacio escribe que observó «que de unos pensamientos quedaba triste y de otros alegre, y poco a poco viniendo a conocer la diversidad de los espíritus que se agitaban, el uno [provenía] del demonio y el otro de Dios».[139]

Haberlo entendido marcó el inicio de las reflexiones de Ignacio sobre el discernimiento de los espíritus, lo que generó ideas que más tarde darían fruto en los *Ejercicios espirituales*. Como lo ha hecho notar el papa Francisco, para el santo el discernimiento de los espíritus «es un instrumento de lucha para conocer mejor al Señor y seguirle más de cerca».[140]

---

[137] *Ibíd.*

[138] *Ibíd.*

[139] *Ibíd.*

[140] Spadaro, *op. cit.*

# Agere contra: *escudo contra la tentación*

Un especialista en san Ignacio apunta que, en la terminología del santo, «discernir es mirar profundamente con la intención de reconocer y distinguir».[141] Al padecer el TEPT, a mí me resultó extraordinariamente útil el discernimiento ignaciano. Me permite afrontar episodios en que algún suceso me detona un recuerdo doloroso.

El discernimiento ignaciano es todo un tema por sí solo y existen buenas fuentes bibliográficas para quienes se interesen en estudiarlo a conciencia.[142] Curiosamente, uno de sus aspectos que más me ha ayudado es el menos analizado en esas fuentes, y creo que habría que dedicarle más atención. Es la manera en que Ignacio emplea un antiguo principio para hacer frente a la tentación. Este principio se conoce como *agere contra*, expresión latina que significa «actuar en contra». Implica, ante la tentación, luchar sin cuartel por llevar a cabo lo opuesto a lo que el espíritu malo —o nuestros propios deseos insanos— quiere que hagamos.[143]

---

[141] George E. Ganss (coordinador), *Ignatius of Loyola: Spiritual Exercises and Selected Works*, Paulist Press, Mahwah, Nueva Jersey, 1991, p. 377.

[142] Sobre el tema del discernimiento, uno de los autores fieles al espíritu y la letra de Ignacio, y cuyas obras diversos guías espirituales han recomendado, es Timothy M. Gallagher, de los Oblatos de la Virgen María. Entre sus obras está *The Discernment of Spirits: An Ignatian Guide for Everyday Living* [El discernimiento de los espíritus: guía ignaciana para la vida cotidiana], Crossroad, Nueva York, 2005. Una obra menos exhaustiva pero más accesible sobre el tema es la de James Martin, *The Jesuit Guide to (Almost) Everything* [Guía jesuita para (casi) todo], HarperOne, Nueva York, 2012.

[143] Ignacio, de acuerdo con la enseñanza católica tradicional, dice que nuestro pensamiento tiene tres fuentes posibles: Dios, el espíritu malo y nuestra propia voluntad. *Véanse* los *Ejercicios espirituales* § 32.

Cuando Ignacio aconseja practicar el *agere contra*, su intención es devolver el equilibrio a los ejercitantes aquejados por dolor psicológico, como se aprecia en la sección de los *Ejercicios espirituales* sobre «escrúpulos e insinuaciones de nuestro enemigo».[144] Al orientar a quienes sufren «escrupulosidad»[145] —un miedo obsesivo a pecar que puede llevar a sus víctimas a perder la esperanza en la misericordia de Dios—, el santo escribe: «El alma que desea avanzar en la vida espiritual siempre debe proceder de modo contrario a como procede el enemigo. Si el enemigo quiere relajar la conciencia, hay que procurar hacerla más delicada; y, asimismo, si el enemigo procura hacerla más delicada con la finalidad de conducirla al otro extremo, es decir, al exceso; el alma debe procurar consolidarse en el medio, para mantenerse en paz».[146]

Ignacio tuvo la virtud de tratar el problema de la escrupulosidad con especial delicadeza y sabiduría, porque estaba consciente de sus implicaciones tras haberlo padecido terriblemente en los meses posteriores a su conversión. En 1522, mientras vivía en un monasterio dominico en Manresa, España, constantemente lo atormentaba la idea de que había dejado de confesar algunos pecados del pasado, o que no los había confesado como era debido.

---

[144] En los *Ejercicios espirituales*, el término preferido de san Ignacio para referirse al mal es «el enemigo».

[145] Con la ayuda de un buen guía espiritual puede tratarse la escrupulosidad. A menudo —no siempre— es síntoma del trastorno obsesivo compulsivo; por ello, a quienes la padecen se les aconseja buscar la ayuda de un psicólogo experimentado que respete su fe. La organización The Redemptorists brinda asesoría a este tipo de personas a través de Scrupulous Anonymous (Escrupulosos Anónimos), *http://mission.liguori.org*.

[146] San Ignacio de Loyola, *Ejercicios espirituales*, § 350.

En su autobiografía menciona una ocasión en que su miedo atroz lo puso al borde del suicidio: «Estando sumido en estos pensamientos, muchas veces era tentado de manera vehemente a lanzarse por un agujero profundo de su habitación, la cual estaba junto al lugar donde hacía oración. Mas sabiendo que era pecado quitarse la vida, tornaba a gritar: "Señor, no haré cosa que te ofenda". Repetía estas palabras muchas veces, así como las anteriores».[147]

A pesar de que en esa época Ignacio tenía mucho que aprender aún sobre la vida espiritual, su clamor desesperado al Señor es el principio de las introspecciones que lo llevarían a la grandeza. Comprendió que es posible combatir exitosamente las tentaciones simplemente centrando los pensamientos en Cristo y no en uno mismo.

## Sanación psicológica y combate espiritual

No necesitas ser católico o católica para beneficiarte del efecto psicológico que subyace en el *agere contra*. En su libro *El hombre en busca de sentido*, el psiquiatra judío Viktor Frankl, quien sobrevivió al campo de concentración de Auschwitz y desarrolló la forma de psicoterapia conocida como logoterapia, sostiene que empleó un enfoque similar con gran éxito.

---

[147] Autobiografía de Ignacio de Loyola, *A Pilgrim's Journey*…, *op. cit.* (*El peregrino*…, *op. cit.*), pp. 70 y 71.

Frankl llama a ese enfoque «intención paradójica». Agrega que en esta «se invita al paciente fóbico a que intente hacer precisamente aquello que teme, aunque sea sólo por un momento».[148]

Cita el caso de un joven médico que fue a visitarlo porque quería superar su temor a transpirar. «Siempre que esperaba que se produjera la transpiración, la ansiedad anticipatoria era suficiente para precipitar una sudoración». Como respuesta, el psiquiatra le pidió al paciente que, la siguiente vez que ocurriera una sudoración, «decidiera deliberadamente mostrar a la gente cuánto era capaz de sudar».[149]

«Una semana más tarde», continúa Frankl, «[el paciente] me informó de que cada vez que se encontraba a alguien que antes hubiera desencadenado su ansiedad anticipatoria, se decía para sus adentros: "Antes sólo sudaba un litro, pero ahora voy a sudar por lo menos diez". El resultado fue que, tras haber sufrido por su fobia durante cuatro años, ahora era capaz, con una sola sesión, de verse permanentemente libre de ella en una semana».[150]

¿Qué exactamente ocurrió en esta interacción entre psiquiatra y paciente? Como yo lo veo, el paciente llegó al consultorio de Frankl con una intención mental poco sana: «Voy a sudar; por tanto, tengo miedo».

Observemos que la intención tiene dos partes. La primera —la certeza de sudar— no está bajo el control del

---

[148] Viktor E. Frankl, *Man's Search for Meaning*, Pocket Books, Nueva York, 1984 *(El hombre en busca de sentido*, Herder, Barcelona, 2004), p. 147.

[149] *Ibíd.*

[150] *Ibíd.*

paciente. Los seres humanos no podemos desactivar las glándulas sudoríparas a voluntad. Pero la segunda parte *sí* lo está. Aunque sea inevitable sudar, el paciente puede escoger cómo lo asumirá: con temor o con firme determinación.

La genialidad de Frankl estriba en que aconsejó al paciente actuar en la parte de la intención que podía controlar y revertirla mentalmente a fin de que el miedo no siguiera predominando. Su recomendación, si la pusiéramos como una intención mental, sería: «Voy a sudar; por tanto, voy a poner mi mejor empeño en ello: si voy a acabar bañado en sudor, demostraré que lo puedo hacer *diligentemente*».

Si bien la intención paradójica funciona de manera similar al *agere contra*, hay una diferencia crucial entre ambos: la intención paradójica es un instrumento de sanación psicológica, en tanto que el *agere contra* es un arma de combate espiritual. Ignacio lo deja perfectamente claro en sus *Ejercicios:* el *agere contra* debe emplearse contra las tentaciones del «enemigo» —término con que Ignacio designa al demonio— que amenazan con impedirnos crecer en gracia.

Pongamos por caso la recomendación que Ignacio da a quienes, sufriendo desolación (oscuridad del alma), están tentados a acortar los ejercicios contemplativos para orar menos de la hora requerida. «Para luchar contra la desolación y vencer las tentaciones», escribe Ignacio, «[el ejercitante] debe siempre durar en el ejercicio más de una hora cumplida. De esta forma no sólo se acostumbrará a resistir al adversario sino que incluso aprenderá a derrocarlo».

En este ejemplo que da Ignacio, el punto débil espiritual del ejercitante radica en su intención mental fallida, que podría resumirse así: «Soy incapaz de orar adecuadamente; por tanto, voy a reducir mi tiempo de oración».

Como en el ejemplo de Frankl, el ejercitante no puede controlar la primera parte de la intención. Ignacio dice que, cuando hay desolación, «el Señor le ha dejado [al ejercitante] en prueba con sus facultades naturales, para que resista a las varias agitaciones y tentaciones del enemigo».[151] Aunque en su perseverancia el ejercitante haya crecido en gracia, no está en su mano regresar a un estado de consuelo. Sólo Dios posee el poder de restaurarlo.

Así pues, Ignacio aconseja al ejercitante poner todo su empeño en llevar a cabo lo que *está* bajo su control. Si plasmáramos su recomendación como una intención mental, sería así: «Soy incapaz de orar adecuadamente; por tanto, voy a *aumentar* mi tiempo de oración, ya que es mejor intentar orar y fallar, que ni siquiera intentarlo».

## La oración de Jesús: bálsamo para el alma

Quise presentar un ejemplo de *agere contra* relacionado con la oración porque, en mi propio viaje de sanación en Cristo, me doy cuenta de que el *agere contra* ha sido lo que más me ha ayudado al fortalecer mi vida de oración. En particular, fue determinante para ayudarme a decir un

---

[151] San Ignacio de Loyola, *Ejercicios espirituales*, § 320 y 321.

rezo al que me resistí durante mucho tiempo: la Oración de Jesús.

Esta oración es una adaptación del clamor arrepentido del publicano que se cita en Lucas 18:13. Una de sus muchas versiones es: «¡Dios mío, ten misericordia de mí, porque soy un pecador!». Rezarla en cualquiera de sus variantes es una manera de cumplir con la exhortación de las Escrituras: «Oren sin cesar» (1 Tesalonisenses 5:17).

El papa Francisco habla con gran respeto de un hombre que trabajaba en la curia de Buenos Aires y tenía ocho hijos. Solía decir la Oración de Jesús en su forma más elemental, sólo repitiendo el Santo Nombre: «Antes de salir a hacer cualquier cosa, siempre dice "¡Jesús!". Yo le pregunté una vez: "¿Por qué siempre dices 'Jesús'?". "Cuando digo 'Jesús'", me ha dicho este humilde señor, "me siento fuerte, me siento con fuerza para poder trabajar, y yo sé que está a mi lado, que me custodia"».[152]

«Este hombre», continúa el papa, «no ha estudiado teología, sólo tiene la gracia del bautismo y la fuerza del Espíritu. Y ese testimonio a mí me ha hecho mucho bien». Concluye declarando que únicamente el nombre de Jesús «es el que salva».[153]

Fue mi amigo Jeffry Hendrix quien me enseñó cuán valioso era incorporar a mi rezo la Oración de Jesús. Él había sido pastor de la Iglesia Metodista Unida antes de integrarse a la Iglesia católica.

---

[152] Francisco, «Morning Meditation», 5 de abril de 2013, *http://w2.vatican.va*. La cita en español fue tomada de *https://www.aciprensa.com*.

[153] *Ibíd.*

La vida de Jeffry dio un dramático vuelco en 2008, pues le diagnosticaron cáncer de riñón. Mientras recibía tratamiento quiso escribir un libro para ayudar a otras personas que, al igual que él, debían enfrentarse a su propia expectativa de muerte: *A Little Guide for Your Last Days* [Pequeña guía para tus últimos días].

Yo me ofrecí a revisar el manuscrito de Jeffry y fue entonces cuando descubrí hasta qué punto la Oración de Jesús lo había ayudado a encontrar la sanación espiritual. Jeffry la recomendaba a sus lectores como una herramienta para superar el resentimiento personal, al tiempo que les enseñaba un método que había obrado maravillas en su propia vida. Ahora que lo releo, veo por primera vez que es una muestra de cómo se aplica el *agere contra*:

«Esta es mi recomendación: después de persignarte —el acto eterno en que te entregas al manto de la Santísima Trinidad—, comienza rezando la Oración de Jesús y sustituye la palabra "mí" por tu nombre. Luego sustitúyela por cada uno de los nombres de tus seres queridos ("¡Dios mío, ten misericordia de [nombre], porque es un[a] pecador[a]!"). Sólo después de eso sustitúyela por el nombre de alguien que consideres que te ha hecho mal, que te ha dañado, que te ha perjudicado, que te ha desamparado. Lo que sea.

»Así estarás cumpliendo con el mandato de nuestro Señor de perdonar a tus "enemigos" y, al mismo tiempo, te protegerás del amargo residuo del resentimiento que puede corromper tu corazón y tu alma».[154]

---

[154] Jeffry Hendrix, *A Little Guide for Your Last Days* [Pequeña guía para tus últimos días], Bridegroom Press, Plano, Texas, 2009, pp. 70 y 71.

Podría decirse que básicamente Jeffry nos recomienda esa oración a quienes llevamos a cuestas una intención mental perjudicial, más o menos como esta: «[Nombre] es un pecador; por tanto, no creo que [nombre] merezca la misericordia de Dios».

Como sucede con nuestros otros ejemplos de *agere contra*, no es posible cambiar la primera parte de la intención. Si alguien ha pecado en perjuicio nuestro, aunque se arrepienta no puede borrar el mal que cometió. Pero *sí* tenemos el poder de cambiar la segunda parte, y es ahí donde Jeffry nos invita a modificar nuestra intención. Según su método, si rezamos la Oración de Jesús primero por nosotros, luego por nuestros seres queridos y finalmente por esa persona, nuestra intención sería: «[Nombre] es un pecador, yo también soy un pecador; por tanto, creo que [nombre] merece la misma misericordia que he recibido».

Orar como aconseja Jeffry es una auténtica fórmula de santidad. Me sentí bendecida, como su amiga, de verlo cultivar esa santidad y encontrar una sanación espiritual siempre más fortalecida hasta que falleció en 2011 a la edad de 56 años. Ocho días antes de su muerte me compartió a través de un *e-mail* la oración que llevaba en el corazón: «Ofrendo todas las bendiciones de mi vida, y mi esperanza, mi horizonte, es servir con una fe cada vez mayor».

Mientras pienso en cómo la Oración de Jesús le permitió a Jeffry vencer los obstáculos espirituales, se me viene a la mente una anotación de Albert S. Rossi, psicólogo perteneciente a la Iglesia Ortodoxa, sobre el origen de la palabra *eleison*, que en griego significa «misericordia».

«*Eleison*», escribe Rossi, «tiene la misma raíz que *elaion*, que quiere decir "olivo" y "aceite de oliva". En Medio Oriente, el aceite de oliva brinda alivio físico para muchas enfermedades. [...] "Tener misericordia" significa aplicar "bálsamo" a nuestra alma». En este sentido, «la Oración de Jesús funciona como una terapia, muy parecida al bálsamo, que transforma nuestra personalidad haciéndola pasar de la fatiga al regocijo; orando con constancia, estos cambios se vuelven permanentes».[155]

## De la miseria a la misericordia

Como señalé antes, durante mucho tiempo me rehusé a decir la Oración de Jesús, a pesar de mi admiración por Jeffry. Para ser franca, no la rezaba porque me hacía sentir incómoda.

Rezar una y otra vez «¡Dios mío, ten misericordia de mí, porque soy un pecador!» me parecía una manera infalible de pasarme el día sumida en la autocompasión: «Miren a esta mujer insignificante, diciéndole diez mil veces a Dios cuán miserable soy».

Lo cierto es que muchos pecadores han llegado a ser santos a través de la Oración de Jesús. Yo lo sabía. Sin embargo, no podía superar la sensación de humillación que me provocaba rezarla, si no es que de plano me deprimía.

---

[155] Albert S. Rossi, «Saying the Jesus Prayer» [Diciendo la Oración de Jesús], St. Vladimir's Orthodox Theological Seminary, consultado el 31 de julio de 2015, *http:// www.svots.edu*.

Estaba bien para el confesionario; a lo mejor, diciéndo-
la ahí, hasta le daba un descanso a mi confesor, pues le
quita unos 45 segundos al tiempo que dura un acto de
contrición normal. Pero ¿rezarla en la vida diaria...? Ni
pensarlo.

Todo cambió en el otoño de 2012. Mientras estudiaba
un posgrado en Washington, D.C., sufrí una inesperada y
devastadora crisis de TEPT.

Recuerdo que aquel episodio parecía haber surgido así
nada más, aunque lo más probable era que lo hubiera
detonado una combinación de situaciones estresantes de
mi vida cotidiana. Como quiera que fuera me tomó por
sorpresa, pues llevaba tiempo manejándolas bien.

Por desgracia, como expuse en el capítulo 3, una vez
que ocurre una crisis de TEPT y el cuerpo de quien la ex-
perimenta se satura de hormonas de estrés, no basta con
tener pensamientos positivos para borrar las secuelas del
trastorno. La crisis que ahora se me presentaba era la más
larga que había sufrido en años. Pese a que duró como
dos semanas, parecía más larga porque, estando yo a mi-
tad de ella, no podía ver la salida. Sólo sabía que estaba
con el alma en vilo, al borde de las lágrimas todo el tiempo y —lo más terrible— luchando sin descanso contra
mis impulsos de hacerme daño.

Esos impulsos autodestructivos me pasaban por la
mente como pequeños destellos, como si provinieran de
un lugar donde hubiera acumulado mucha ira, un sentimiento para el que carecí de una válvula de escape cuando era niña y no podía exigir protección. Consciente de
que esos impulsos nada tenían que ver con mis deseos,

rápidamente los sacaba de mis pensamientos, pero de cualquier forma me asustaban.[156]

En *Mi paz os doy* relato cómo, durante una crisis de TEPT, es posible encontrar gracia y sanación uniendo los efectos encarnados de los traumas del pasado a la Pasión de Jesús. Sin embargo, para ello se requiere un esfuerzo constante de oración a fin de poner todos nuestros pensamientos y afectos en armonía con los del Sagrado Corazón de Jesús. Yo sabía, cuando atravesé por aquella crisis, que debía realizar tal esfuerzo. Para mi sorpresa, el medio que se me presentó fue la Oración de Jesús.

Tengo fresca la imagen en mi mente: me veo salir de la escuela al final del día, caminar seis minutos hacia la estación del metro, sentir un nudo en la garganta a causa del estrés. Las hojas de los árboles, teñidas de naranja y rojo, se acumulaban en las aceras. Una escandalosa camioneta pasó velozmente junto a mí y me volví hacia ella queriendo ver de dónde provenía el ruido. En eso tuve aquel pensamiento: *pude haber saltado delante de la camioneta y ahí habría terminado todo.*

De pronto, aparentemente sin pensarlo, respondí a ese aterrador impulso con una oración: «¡Dios mío, ten misericordia de mí, porque soy una pecadora!» La repetí. Y otra vez. Y entonces algo sucedió.

La oración sí se sintió humillante, pero no de la manera que yo temía. Conforme la recé me di cuenta de que no

---

[156] Es importante señalar que quienes sufren de pensamientos autodestructivos deben buscar ayuda profesional y apoyarse en sus amigos y familia. Durante el episodio que narro aquí, busqué y recibí atención psicológica, pedí a mis amigos que rezaran por mí y hablé con mi guía espiritual.

me deprimí. No me provocó autocompasión. Más bien, abrió mi corazón al amor purificador de Dios.

Esas palabras, «¡Dios mío, ten misericordia de mí, porque soy una pecadora!», rasgaron mi piel como una fibra de acero, llegando hasta mis adentros y eliminando mi óxido espiritual, lo que Jeffry llamaba «el amargo residuo del resentimiento que puede corromper tu corazón y tu alma».[157]

Se me arrasaron los ojos. Eso no era raro en sí. Había estado llorando todos los días durante la última semana. Lo raro era que mis lágrimas ya no me hacían daño. Sentí que me purificaban, tal como sucede cuando los ojos se humedecen para limpiarse si hay humo. Sentí como si la llama del amor divino consumiera la ira que me había confinado al dolor.

Tuve que ser valiente para rezar la Oración de Jesús. Y gracias a ella aprendí, como dice el papa Francisco, que «cuando oramos valerosamente, el Señor no sólo nos da la gracia, sino que se nos da también Él mismo en la gracia».[158]

Mientras bajaba las escaleras que conducían a la oscura estación del metro, ignoraba cuánto tiempo más me duraría la crisis del TEPT. Pero sí sabía algo que seis minutos antes desconocía, antes de rezar la Oración de Jesús: no sólo en mi mente, sino también en mi corazón, sabía que no estaba sola. Había implorado gracia, la gracia de la presencia de Jesús en mi sufrimiento, y se me había concedido.

---

[157] Hendrix, *A Little Guide…*, *op. cit.*, pp. 70 y 71.

[158] Francisco, «Misas matutinas…», 10 de octubre de 2013, *op. cit.*

«Ciertas realidades de la vida», dice el papa Francisco, «se ven solamente con los ojos limpios por las lágrimas».[159]

## Aprender a pedir

En una ocasión, Francisco reflexionó sobre una plegaria de los textos para la liturgia católica que ruega al Señor «nos concedas aun aquello que no nos atrevemos a pedir»:[160] «¿Y qué es aquello que nosotros no nos atrevemos a pedir? ¡Él mismo! Nosotros pedimos una gracia, pero no nos atrevemos a decir: ven Tú a traérmela».[161]

De modo que, dice él, debemos aprender a pedir valerosamente al Señor la gracia que buscamos. Y agrega que podemos lograrlo al alabarlo por lo que nos da «[e implorarle a Él], que es tan misericordioso, tan bondadoso, que nos ampare».[162]

Por eso Francisco aconseja rezar el Salmo 103 todos los días, pues a través de él «aprendemos las cosas que debemos decir al Señor cuando pedimos una gracia».[163] Acompáñame a rezar conmigo el principio:

Bendice al Señor, alma mía,
que todo mi ser bendiga su santo Nombre;

[159] Francisco, «Meeting with Young People...» («Hay que aprender a llorar»), *op. cit.*

[160] *Misal Romano*, «XXVII Domingo del Tiempo Ordinario».

[161] Francisco, «Misas matutinas...», 10 de octubre de 2013, *op. cit.*

[162] Francisco, versión en inglés «Morning Meditation», 1 de julio de 2013, *http://w2.vatican.va*.

[163] *Ibíd.*

bendice al Señor, alma mía,
y nunca olvides sus beneficios.
Él perdona todas tus culpas
y cura todas tus dolencias;
rescata tu vida del sepulcro,
te corona de amor y de ternura.

# 6

## *Đame tu amor y gracia*

Para expandir tu corazón a través de la razón

Un día, a finales de 1969, Jorge Mario Bergoglio escribió en un trozo de papel: «Creo en mi historia, que fue traspasada por la mirada de amor de Dios y, en el día de la primavera, [...] me salió al encuentro para invitarme a seguirlo».

Esas palabras eran parte de una convicción personal que el joven jesuita de 33 años de edad escribió poco después de su ordenación sacerdotal, en un periodo de «gran intensidad espiritual», como lo llamó después. Al escribir sus reflexiones sobre los efectos que la gracia tuvo en su vida y la manera en que respondió a estos, lo invadió un sentimiento de gratitud por el día en que escuchó el llamado al sacerdocio.

Ese día —21 de septiembre de 1953— seguía fresco en la mente de Francisco cuando, a dos meses de haber iniciado su pontificado, en la víspera de Pentecostés, mencionó el poder de su «experiencia del encuentro» con el Señor al dirigirse a los fieles en la Plaza de San Pedro:

«Tenía casi 17 años. Era el "Día del estudiante", para nosotros [en Buenos Aires] el día de primavera —para vosotros aquí es el día de otoño—. Antes de acudir a la fiesta, pasé por la parroquia a la que iba, encontré a un sacerdote a quien no conocía, y sentí la necesidad de confesarme.

»Ésta fue para mí una experiencia de encuentro: encontré a alguien que me esperaba. Pero no sé qué pasó, no lo recuerdo, no sé por qué estaba aquel sacerdote allí, a quien no conocía, por qué había sentido ese deseo de confesarme, pero la verdad es que alguien me esperaba. Me estaba esperando desde hacía tiempo.

»Después de la confesión sentí que algo había cambiado. Yo no era el mismo. Había oído justamente como una voz, una llamada: estaba convencido de que tenía que ser sacerdote».[164]

Para el joven Francisco no pasó inadvertido el hecho de que el 21 de septiembre es la fiesta de san Mateo, el recaudador de impuestos que respondió al llamado de Jesús. Siendo arzobispo, declaró a sus biógrafos: «A mí siempre me impresionó una lectura del breviario»,[165] el libro que contiene la Liturgia de las Horas que los sacerdotes deben rezar todos los días,[166] de san Beda el Venera-

---

[164] Francisco, «Vigilia de Pentecostés…», *op. cit.*

[165] Rubin y Ambrogetti, *op. cit.*, p. 40.

[166] Muchos otros integrantes de órdenes religiosas, así como los laicos que buscan profundizar en la fe, rezan la Liturgia de las Horas (que se conoce también como Oficio Divino). Puede ser una ayuda poderosa para sanar la memoria, pues quien la reza con regularidad se adentra aún más en los ritmos litúrgicos de la Iglesia.

ble, en el cual hay un pasaje que narra cómo miró y llamó Jesús a Mateo.

«Jesús vio un publicano", escribe san Beda, «y, *mirándolo con amor y eligiéndolo* [*miserando atque eligendo*, en el original en latín], le dijo: "Sígueme"».[167]

Francisco se identificó tanto con ese pasaje que hizo de *miserando atque eligendo* su lema episcopal.[168] Más adelante explicó en una entrevista por qué conservó ese lema ya como papa: «Soy un pecador en quien el Señor ha puesto los ojos. Soy alguien que ha sido mirado por el Señor. Mi lema, *"Miserando atque eligendo"*, es algo que, en mi caso, he sentido siempre muy verdadero».[169]

## Salvación: el encuentro en el que Dios «primerea»

El recuerdo del llamado a su vocación hizo a Francisco entender que Dios siempre *primerea*, el verbo coloquial que vimos en el capítulo 1 y que lo mueve a declarar: «El Señor siempre nos primerea».[170] Durante sus estudios de teología, esa misma memoria influyó en su comprensión de san Agustín y le permitió adentrarse profundamente en las enseñanzas del santo acerca de la gracia.

---

[167] Spadaro, *op. cit.* Las cursivas son del original.

[168] Una traducción más literal que el propio papa ha mencionado es «misericordiando y eligiendo».

[169] Spadaro, *op. cit.*

[170] Francisco, «Vigilia de Pentecostés…», *op. cit.*

En un ensayo que escribió en su época de cardenal, Francisco parece evocar su experiencia personal cuando cita un pasaje en el que Agustín describe la forma en que Jesús miró a Zaqueo —quien, al igual que Mateo, era recaudador de impuestos (Lucas 19:1-10)—. Agustín escribió que, cuando Zaqueo subió a un sicomoro para ver a Jesús, «También el Señor vio a Zaqueo. Fue visto y lo vio». Francisco reflexiona:

«Algunos creen que la fe y la salvación vienen con nuestro esfuerzo de mirar. De buscar al Señor. En cambio es al contrario: tú estás a salvo cuando el Señor te busca, cuando Él te mira y tú te dejas mirar y buscar. El Señor te busca primero. Y cuando tú lo encuentras, comprendes que Él estaba allá mirándote, te esperaba Él primero.

»He aquí la salvación: Él te ama primero. Y tú te dejas amar. La salvación es precisamente este encuentro en el que Él trabaja primero. Si no se da este encuentro, no somos salvados».[171]

«Él te ama primero. Y tú te dejas amar». Me parece que esas hermosas palabras, además de contener el mensaje de Agustín, también enlazan las experiencias de san Mateo, Zaqueo y el joven Francisco con la de san Ignacio de Loyola.

---

[171] La cita del original en inglés fue tomada de Jorge Mario Bergoglio, «Grant What You Command» [Concede lo que desees], en *30Giorni*, diciembre de 2009, *http://www.30giorni.it/*. La cita en español se basó en «Papa Francisco: la fe comienza con un "juego de miradas"», *http://www.lastampa.it*.

Examinemos más detenidamente este vínculo. Recordemos cómo, según vimos en el capítulo 1, en su oración *Suscipe* Ignacio le ofrece a Dios toda su libertad, su memoria, su entendimiento y su voluntad. En una palabra, ofrece su ser. A cambio pide: «Dame Tu amor y gracia». Puede entregarse a Dios únicamente porque Él, en un gesto de amor libre y generoso, le ha dado todo lo que tiene. En la misma oración leemos: «Todo mi haber y mi poseer tú me lo diste; a Ti, Señor, lo retorno. Todo es Tuyo: dispón de ello según Tu voluntad».

Como Mateo, Zaqueo y Francisco, Ignacio sabe que Dios lo ha amado primero. Cuando escribe su oración *Suscipe*, elige libremente dejarse amar.

Eso no es todo. Para Ignacio, dejarse amar no es únicamente un acto que ocurra una sola vez. Busca que su oración *Suscipe* sea un regalo completo de sí mismo; su mensaje se vuelve parte de su composición. Cuando la reza como respuesta al amor de Jesús, quien es el «Verbo» o la «Palabra» (*logos*, en griego), ese acto establece un diálogo entre Ignacio y Dios (del griego *dia-logos*).

El diálogo que sostiene Ignacio a través de rezar la *Suscipe* (y que nos invita a nosotros a sostener también) tiene la finalidad de ser permanente, continuo a lo largo de la vida terrenal de Ignacio y hasta la eternidad. En *Lumen fidei* Francisco observa que «[Dios] es un diálogo eterno de comunión»; nos permite «entrar en diálogo con [Él], dejándonos abrazar por su misericordia para ser portadores de esa misericordia».[172]

---

[172] Francisco, *Lumen fidei, op. cit.*, § 36, 42.

Es un diálogo que se caracteriza por la intimidad que conlleva, porque Dios «nos eligió uno por uno. Nos dio un nombre. Y nos mira. Hay un diálogo, porque así ama el Señor».[173]

De hecho, esta es la forma en que ama el Señor. Dios, quien es amor (1 Juan 4:8), nos ama primero, nos permite dejarnos amar. Luego nos habla a través de su amor a fin de que siempre podamos devolverle un regalo mayor del que recibimos primero.

Aunado a lo anterior, a medida que nos internamos más en este diálogo, «dejándonos abrazar [con mayor profundidad] por su misericordia»,[174] somos transformados. Dado que toda la perfección humana radica en amar a Dios, y el amor de Dios mismo (en la forma de su gracia) es lo que conduce a la persona humana hacia Él, se deduce que Dios nos perfecciona cuando le devolvemos su propio amor.[175]

## Un intercambio de amor

A C. S. Lewis le fascinó la idea de que la persona humana tenga la posibilidad de crecer en gracia al «retribuir» a su Creador. En *Mero cristianismo* narra que un padre que le

---

[173] Francisco, «Misas matutinas en la capilla de la *Domus Sanctae Marthae*», 21 de enero de 2014, *http://w2.vatican.va*.

[174] Francisco, *Lumen fidei, op. cit.*, § 42.

[175] *Véase* Santo Tomás de Aquino, *Suma Teológica*, II-II, q. 184, a. 3 (en relación con la perfección del amor divino); I-II, q. 110, a. 1 (en relación con la forma en que el amor divino transformado en gracia es un medio para que las personas lleguen a Dios).

da a su hijo seis peniques para que este le compre un regalo de cumpleaños de ninguna manera incrementa su riqueza en esos seis peniques.[176] Agrega que, una vez que el hombre se da cuenta de que es imposible hacer que Dios esté en deuda con él, o que es imposible «darle nada que no fuese, en un sentido, Suyo ya», Dios «puede empezar realmente a trabajar».[177]

Tiempo después, Lewis expuso otras ideas sobre la forma en que Dios trabaja con una persona dispuesta a recibir su regalo de amor. Dios le da a la persona un anticipo del «amor primordial» que concenta su «energía divina»; es decir, una caridad, que Lewis llama «amor-dádiva».[178] Este amor-dádiva «quiere simplemente lo que es mejor para el ser amado».[179] Posibilita al que lo recibe hacer una autoentrega total a Dios.

En un pasaje que evoca su analogía de los seis peniques, es palpable cuán maravillado está Lewis al describir esa autoentrega: «Como por una gran paradoja, Dios capacita al hombre para que tenga amor-dádiva hacia Él mismo. Es claro que, en un cierto sentido, nadie puede dar a Dios nada que no sea ya Suyo, y si ya es Suyo, ¿qué ha dado el hombre? Pero si, como es obvio, podemos desentendernos de Dios, desviar de Él nuestra voluntad y nuestro corazón, también, en ese sentido, podemos

---

[176] C. S. Lewis, *Mere Christianity*, Scribner, Nueva York, 1952 (*Mero cristianismo*, Ediciones Rialp, Madrid, 2014), p. 110.

[177] *Ibíd.*

[178] C. S. Lewis, *The Four Loves*, Harcourt Brace, Nueva York, 1991 (*Los cuatro amores*, Ediciones Rialp, Madrid, 2005), pp. 126 y 128.

[179] *Ibíd*, p. 128.

entregárselos. [...] "Nuestras voluntades son nuestras para que podamos hacerlas Tuyas"».[180]

Esos pasajes de Lewis me remiten a la oración *Suscipe*, la cual, al ofrecer a Dios «toda mi libertad, mi memoria, mi entendimiento y toda mi voluntad», es un magnífico instrumento para retribuir a Dios nuestra propia caridad.

Una mirada más de cerca a la oración *Suscipe* puede dar una idea de la forma en que la gracia trabaja sobre el alma.

En el capítulo 1 vimos que Ignacio introduce la oración *Suscipe* en una sección de los *Ejercicios espirituales* titulada «Contemplación para alcanzar el amor de Dios». Da inicio a las instrucciones de la contemplación con dos observaciones preliminares: «La primera es que el amor se debe poner más en las obras que en las palabras. La segunda: el amor consiste en compartir mutuamente los bienes, es decir, el amante da y comparte con el amado lo que posee, o lo que es capaz de compartir, y, viceversa, el amado comparte con el amante [...]. De esta forma, comparten mutuamente».[181]

Al poner énfasis en que el amor es un dar y recibir, Ignacio invita al ejercitante a efectuar la contemplación con el corazón lleno de gratitud.[182] Y lo enfatiza añadiendo que el propósito del ejercitante será «pedir [a Dios] conocimiento interno de tanto bien recibido», para que,

---

[180] *Ibíd*, pp. 128 y 129. La cita que hace Lewis al final corresponde al poema de Lord Alfred Tennyson "In Memoriam A.H.H.".

[181] San Ignacio de Loyola, *Ejercicios espirituales*, § 230 y 231.

[182] *Ibíd*, § 233.

con gran agradecimiento, «pueda en todo amar y servir a su Divina Majestad».[183]

La contemplación se divide en cuatro puntos, cada uno de los cuales comienza reconociendo lo que Dios nos da. Así, a Dios se le contempla como el dador de:

1. La creación, la redención y todos los dones particulares que ha recibido el ejercitante.
2. La vida de todas las criaturas, el intelecto de los seres humanos y Su presencia que habita en el ejercitante (creado a semejanza de Dios).
3. Su propia obra, trabajando para beneficio del ejercitante «en todas [las] cosas criadas sobre la haz de la tierra».
4. «Todos los bienes y dones», los cuales «descienden de arriba».[184]

En este camino, Ignacio lleva al ejercitante a visualizar el círculo siempre en expansión del agradecimiento, comenzando por el personal y terminando por el universal.

Antes de llegar a ser papa, Francisco escribió a sus compañeros jesuitas que en esta contemplación, «cuando san Ignacio dice que debemos traer cosas a nuestra memoria, está hablando de rescatar nuestra historia de gracia. Y las gracias, dada nuestra condición de pecadores, siempre son dádivas de misericordia».[185]

---

[183] *Ibíd.*

[184] *Ibíd*, § 234-237.

[185] Jorge Mario Bergoglio, "Holding the Tensions", *op. cit.* (invierno de 2013), p. 25.

De modo que, dentro de cada uno de los puntos de contemplación de los *Ejercicios*, luego de revisar su «historia de gracia», el ejercitante entra en diálogo con el Padre de las misericordias rezando la *Suscipe*: «Toma, Señor, y recibe toda mi libertad...».

La oración, en su versión original en latín, comienza: «*Suscipe, Domine...*». La primera palabra proviene del verbo *suscipio*, que significa aceptar, tomar, sostener u obtener. En el tiempo de Ignacio, cuando un sacerdote celebraba la misa empleaba la palabra *suscipe* durante el ofertorio para suplicar a Dios que aceptara el vino y el pan que consagraría. De igual modo, como dijo Francisco a sus compañeros jesuitas, cuando rezamos nuestro propia *Suscipe*, «nuestra devoción nace de agradecer, de la eucaristía. Acompañamos a Jesús al sitio donde ha celebrado un acto de gratitud total para el Padre que está en el cielo».[186]

Desde esa primera palabra, la *Suscipe* irradia un sentido de elevación. Refleja el deseo del suplicante de que Dios eleve el amor que ofrece —un amor que el suplicante primero recibió de Dios mismo— y lo acepte.

Partiendo de ese sentido de elevación de la *Suscipe*, podemos apreciar por qué es tan importante para Ignacio que la oración se diga con un profundo sentido de agradecimiento, pues la gratitud es la virtud que levanta nuestro corazón. Francisco nos dice que la gratitud es «la respuesta de amor, que es posible porque, en la fe, nos hemos abierto a la experiencia del amor transformante de Dios por nosotros».[187]

---

[186] *Ibíd*, p. 27.
[187] Francisco, *Lumen fidei, op. cit.*, § 46.

Resulta interesante que otro significado del verbo *suscipio* sea aceptar o tomar a un recién nacido como propio, «lo cual quiere decir que hay la intención de criarlo (en vez de desampararlo)».[188] Esto se origina en una antigua costumbre romana en la que, según un historiador, «el padre tenía derecho a rechazar a un recién nacido. El niño era puesto a los pies del padre inmediatamente después del alumbramiento y si, en lugar de que este lo alzara [...] lo dejaba en el suelo, el pequeño quedaba fuera de la familia».[189]

Teniendo eso presente, cuando Ignacio emplea la palabra *suscipe* nos hace evocar el clamor de un hijo que desea ser recibido en los brazos de su Padre celestial. Esta imagen le da un nuevo sentido a la enfática enseñanza de san Pablo: «Todos los que son conducidos por el Espíritu de Dios son hijos de Dios. Y ustedes no han recibido un espíritu de esclavos para volver a caer en el temor, sino el espíritu de hijos adoptivos, que nos hace llamar a Dios» (Romanos 8:14-15; *véase* también Gálatas 4:6).

De igual modo, vemos que para Ignacio entregar toda nuestra libertad no significa acceder a ser esclavos. Más bien, significa entregarnos con total humildad al amoroso cuidado del Padre; reconocer que sin ese amor somos tan vulnerables como un recién nacido expuesto a la intemperie.

---

[188] Thomas Hewitt Key, *A Latin-English Dictionary Printed from the Unfinished Ms. of the Late Thomas Hewitt Key*, Cambridge University Press, Cambridge, 1888, p. 73.

[189] William Smith (coord.), *A Dictionary of Greek and Roman Antiquities*, John Murray, Londres, 1891, p. 352.

¿Para qué le pedimos al Padre que nos críe? La siguiente línea de la oración sugiere la respuesta, ya que el suplicante ofrece su memoria, entendimiento y voluntad: facultades gracias a las cuales, según san Agustín, la mente humana es imagen de la Santísima Trinidad.[190] La fórmula de auto entrega de Ignacio busca elevar al ejercitante a una mayor participación del amor que se deriva del «diálogo eterno de comunión» de la Trinidad.[191]

Entendemos ahora por qué el papa Francisco cita esta contemplación en particular durante la entrevista en que la califica de ser siempre «una oración llena de memoria» (*véase* el capítulo 1).

Lo opuesto de la memoria es la amnesia. El teólogo John Navone, de la Compañía de Jesús, dice que «es una enfermedad que conlleva una crisis de identidad»; quienes la padecen «olvidan su pasado, su historia y sus relaciones».[192] Sin embargo, en uno de los libros favoritos del papa Francisco, Navone añade: «A través de la fe, los cristianos comparten los mismos recuerdos, la misma historia. Sus recuerdos sagrados los unifican como pueblo [...]. Somos partícipes de la vida de la Iglesia, del pueblo de Dios, si compartimos su memoria».[193]

Bajo la guía del Espíritu Santo —enviado por el Padre para enseñarnos y hacernos recordar (Juan 14:26)—,

---

[190] San Agustín, *Tratado de la Santísima Trinidad*, 10.11.

[191] Francisco, *Lumen fidei, op. cit.*, § 36.

[192] John Navone, «God Reminds Us to Remember» [Dios nos recuerda recordar], *Homiletic and Pastoral Review*, mayo de 2009, p. 56.

[193] John Navone, *Triumph through Failure: A Theology of the Cross* [Triunfo mediante el fracaso: Teología de la cruz], Wipf & Stock, Eugene, Oregon, 2014, p. 144. El libro se publicó originalmente en 1974 con el título *A Theology of Failure* [Teología del fracaso], que es el que leyó Francisco. *Véase* Bergoglio, *Open Mind..., op. cit.* (Bergoglio, *Mente abierta..., op. cit.*), p. 297, en el que menciona haber tomado algunas ideas de Navone.

estos recuerdos nos permiten asentar nuestra identidad en Cristo. Francisco confirma el vínculo entre memoria e identidad cristiana cuando, al hablar de «la memoria de las acciones de Dios», señala: «Esta es la memoria que me hace hijo y que me hace también ser padre».[194]

La oración *Suscipe* termina con las palabras: «Dame Tu amor y gracia, que estos me bastan»; es una riqueza suficiente para no pedir más. Con esta petición, el suplicante acepta la amable indicación de Jesús a María de que «pocas cosas, o más bien, una sola es necesaria» (Lucas 10:42): la unión con Dios en Cristo.

## La libertad de rendirse

Cuando realizamos la amorosa autoentrega de la oración *Suscipe*, y en especial ofrendamos nuestra memoria, entendimiento y voluntad, buscamos ser partícipes del ofrecimiento de amor del propio Jesús, es decir, la libre elección que hizo de dar la vida por sus amigos: «Nadie me la quita [mi vida], sino que la doy por mí mismo. Tengo el poder de darla y de recobrarla» (Juan 10:18).

Así la «gran paradoja» de que hablaba Lewis —de que Dios nos da el amor con que lo amamos— tiene lugar gracias a otra paradoja, mayor aún, en que aprovechamos el libre albedrío que Dios nos dio para rendirnos completamente a Él. Satanás dijo: «Me rehúso a servirte», y fue encadenado. Sin embargo, quienes ofrecen todo su ser al

---

[194] Spadaro, *op. cit.*

servicio de Dios, acompañados por Jesús, entran a la libertad de la vida divina. Francisco lo expresa así: «¡Cuán bello es afrontar las vicisitudes de la existencia en compañía de Jesús, tener con nosotros su Persona y su mensaje! Él no quita autonomía o libertad; al contrario, fortaleciendo nuestra fragilidad, nos permite ser verdaderamente libres, libres para hacer el bien, fuertes para seguir haciéndolo, capaces de perdonar y capaces de pedir perdón. Este es Jesús, que nos acompaña, así es el Señor».[195]

Si la gratitud, como comenta Francisco, «es posible porque, en la fe, nos hemos abierto a la experiencia del amor transformante de Dios por nosotros»,[196] entonces un corazón agradecido es un corazón receptivo, abierto a una transformación mayor aún en Cristo. Para explicar cómo debe ser ese corazón, Francisco cita a san Agustín, quien no cesaba de pedir en oración que su corazón estuviera «lleno de Dios».[197]

Las Escrituras nos dicen que no tenemos porque no pedimos (Santiago 4:2). Y Francisco señala que Agustín recibió lo que deseaba —«una personal y profunda relación con Dios»— porque lo pidió. «Se trata de empezar a decirle [sí] a Cristo, a decírselo frecuentemente. [...] Es imposible desearlo sin pedirlo. Y si uno comienza a pedirlo comienza entonces a cambiar. Pero lo pide porque muy dentro de él se siente atraído, llamado, mirado, es-

---

[195] Francisco, «Encuentro con los jóvenes de la diócesis de los Abruzos y Molise», 5 de julio de 2014, *https://w2.vatican.va/*.

[196] Francisco, *Lumen fidei, op. cit.*, § 46.

[197] San Agustín, «Comentario al Salmo 53». La cita del original en inglés se tomó de Augustine, «Exposition of Psalm 53», en *Expositions of the Psalms 51-72*, traducción de Maria Boulding, New City Press, Hyde Park, Nueva York, 2001.

perado. Esta es la experiencia de Agustín: en lo profundo de mi ser algo me atrae hacia Alguien que me buscó primero, que me está esperando desde el principio».[198]

Estas palabras de Francisco me traen a la mente una de las cosas que me gustan más de Agustín: la manera en que maneja nuestro concepto humano del deseo frustrado y le da un giro radical.

El deseo frustrado es parte de la condición humana. Mientras sigamos aquí en la tierra, presas de la imperfección, la enfermedad y la muerte, querremos cosas que escapan a nuestras posibilidades (Romanos 8:19-23). Como nos hace recordar *el Catecismo*, sólo en el cielo encontraremos «el fin último y la realización de las aspiraciones más profundas del hombre» (*CEC* 1024).

Aunque Agustín no contradice nada de esto, pone el énfasis en que nuestros deseos frustrados tienen un propósito superior. Nos ayudan a soltar las ataduras con que nuestro corazón se aferra a las cosas buenas que son pasajeras, a fin de que podamos abrirlo a las cosas buenas que perdurarán eternamente. Señala Agustín: «Como ahora son incapaces de ver [a Dios], ocúpense en desear verlo. La vida entera del buen cristiano es un santo deseo».[199]

---

[198] Bergoglio, citado en Premat, *op. cit.* («Un atractivo distinto», *op. cit.*).
[199] San Agustín, *Homilías…*, *op. cit.*, 4.6.

# «Vacía lo que has de llenar»

El ejemplo espiritual clásico de alguien que no puede abandonar sus apegos terrenales es el joven acaudalado que no acepta la invitación de Jesús a seguirlo, ya que para ello debe vender todo lo que posee y entregarlo a los pobres (Mateo 19:16-30; Marcos10:17-31; Lucas 18:18-30). El papa Francisco comenta la versión del Evangelio según San Marcos de este episodio y explica que el problema era que el «corazón inquieto» del joven acaudalado, al que el Espíritu Santo «impulsaba a acercarse a Jesús y a seguirlo, era un corazón que estaba lleno». Sin embargo, «no tuvo el valor de vaciarlo. E hizo la elección: el dinero».[200]

El papa agrega que «su corazón estaba encarcelado allí, estaba atado al dinero y no tenía la libertad de elegir». En consecuencia, al final, «el dinero eligió por él».[201]

Al describir aquel corazón que por estar tan «lleno» de dinero rechaza a Jesús, Francisco parece combinar dos imágenes que Agustín empleó en una de sus homilías para analizar la capacidad humana de deseo.

La primera imagen es la de un saco de monedas. De la misma manera en que un saco pequeño no puede contener una gran cantidad de monedas, a menos que lo agrandemos, si nosotros queremos que Dios nos llene, nuestro deseo humano debe «extenderse».

---

[200] Francisco, «Misas matutinas en la capilla de la *Domus Sanctae Marthae*», 3 de marzo de 2014, *http://w2.vatican. va.*

[201] *Ibíd.*

«Lo que deseas», apunta Agustín, «aún no lo ves, pero deseándolo te preparas para que, cuando llegue lo que has de ver, te llenes de ello. Es como si quieres llenar un saco y conoces el volumen de lo que se te dará para llenarlo; entonces, extiendes el saco para que haya suficiente espacio».[202]

Agustín hablaba así porque sabía por experiencia propia lo que se siente al estar dominado por el deseo. Siendo joven, cuando la gracia comenzó a llegar a su alma, temía tanto renunciar a su vida disipada que lo mejor que pudo rezar fue: «Dame la castidad y continencia, pero no ahora».[203] No obstante, conforme la gracia influyó en él, para su sorpresa descubrió que la castidad era posible, no porque hubiera dejado de desear, sino porque su corazón se había llenado de deseo *santo*. Por ello pudo decir con certeza a su rebaño: «El deseo santo nos ejercita en la medida en que apartemos nuestros deseos del amor mundano».[204]

Para explicar cómo podemos hacer espacio al deseo santo, Agustín menciona su segunda imagen: un vaso lleno de líquido. Dice que la clave es esta: «Vacía el recipiente que has de llenar».[205]

«Tienes que llenarte del bien», continúa, «derrama el

---

[202] San Agustín, *Homilías…*, *op. cit.*, 4.6.

[203] San Agustín, *Confesiones*, libro 8, VII.17. La cita del original en inglés se tomó de la traducción de F. J. Sheed, *Confessions*, Hackett, Indianápolis, 2006. (La cita en español se tomó de San Agustín, *Confesiones*, Biblioteca de Autores Cristianos [BAC], Federación Agustiniana Española [FAE], *http://www.augustinus.it/spagnolo/confessioni/conf_08_libro.htm*).

[204] San Agustín, *Homilías…*, *op. cit.*, 4.6.

[205] *Ibíd.*

mal. Imagínate que Dios quiere llenarte de miel; si estás lleno de vinagre, ¿dónde depositas la miel?»[206]

La imagen «lleno de vinagre» es indicio de un corazón amargado, atado al resentimiento. Agustín advierte que liberarse de ello es doloroso, pero necesario: «Hay que derramar el contenido del vaso; hay que limpiar el vaso mismo; hay que limpiarlo, aunque sea con fatiga, a fuerza de frotar, de modo que pueda quedar apto para determinada realidad». Sólo limpiando nuestro corazón llegaremos a ser recipientes disponibles para Dios.[207]

## Reconciliación y «re-creación»

Una manera de limpiar nuestro corazón es a través del sacramento de la reconciliación o confesión. En *La aventura de la castidad* relato cómo los efectos purificadores de la confesión sacramental me ayudan a superar no sólo la oscuridad interna sino la externa:

> «Aunque no hay pecado en ser infeliz, la infelicidad que existe en el mundo se debe al pecado. Cualquier cosa que me haga infeliz se debe a los pecados que cometo, a los que se cometen en mi contra o al estado general de quebrantamiento derivado del pecado original.
>
> »El sacramento de la reconciliación me ayuda a contrarrestar las secuelas del pecado en todas su facetas. En lo que toca a mis propios pecados, la confesión sacra-

---

[206] *Ibíd.*
[207] *Ibíd.*

mental no los borra únicamente. Me impulsa a examinar de dónde provienen mis impulsos pecadores y me concede la gracia de combatirlos si vuelven a surgir. Al tener mayor conciencia de ellos y controlarlos mejor, puedo afrontar con más fortaleza el dolor de padecer los pecados ajenos, así como las tristes consecuencias del pecado original (fragilidad humana, enfermedad y muerte)».[208]

Desde que escribí esas líneas y reflexioné más sobre la importancia de la confesión sacramental para mi propia sanación, tengo muy presentes unas palabras de san Agustín que el *Catecismo* cita cuando habla de la confesión: «Dios, "que te ha creado sin ti, no te salvará sin ti"» (*CEC* 1847).

Hay otra palabra que a veces emplea la Iglesia para referirse a la acción salvadora de Dios sobre las almas humanas, por cierto favorita del papa Francisco: *re-creación*, la misión de Jesús mientras llevaba a cabo la reconciliación del mundo consigo, en nombre del Padre (2 Corintios 5:19). Observa el papa que todo lo demás —sanación, enseñanzas, reprimendas— «son sólo signos del milagro más profundo que es la re-creación del mundo. La reconciliación es, por lo tanto, la re-creación del mundo; y la misión más profunda de Jesús es la redención de todos nosotros, pecadores».[209]

---

[208] Eden, *La aventura de la castidad...*, *op. cit.*, p. 33.

[209] Francisco, «Misas matutinas en la capilla de la *Domus Sanctae Marthae*», 4 de julio de 2013, *http://w2.vatican. va.*

En cierto sentido podríamos parafrasear la máxima de Agustín y decir que Dios nos creó sin nosotros, pero no nos *re-creará* sin nosotros. Él desea que participemos en nuestra propia re-creación. Y lo logramos mediante la *reparación:* dar amor a Dios y a nuestro prójimo como retribución al amor que Dios nos da.[210] Si bien todo el acto redentor viene de Dios, de una forma misteriosa pero real nos faculta para cooperar con Él a medida que repara el daño de nuestro corazón, roto por el pecado.

El encuentro del papa Francisco con Cristo empezó de corazón aquel día de primavera de 1953 en que buscó la re-creación en el confesionario. De igual modo, nuestro encuentro con Jesús comienza nuevamente cada vez que buscamos la misericordia de Dios para nosotros y para aquellos que nos han hecho daño. «En cada acto de caridad», apunta Francisco, «Él rehace su amor en nosotros».[211] Con ese pensamiento, recemos la oración conocida como *Acto de Caridad* y pidamos la gracia de renovarnos en Cristo: «¡Oh, Dios mío! Yo te amo sobre todas las cosas, con todo mi corazón y mi alma, porque eres infinitamente bueno y digno de todo amor. Amo a mi prójimo como a mí mismo por amor a Ti. Perdono a todos los que me han ofendido, y pido perdón a todos los que yo he ofendido. Amén».

---

[210] Esta definición de «reparación» proviene del «Recreation Document» [Documento de reparación] del Apostleship of Prayer, 3 de diciembre de 2014, que fue aprobado por el papa Francisco. *http://www.apostleshipofprayer.org/.*

[211] Francisco, «Misas matutinas en la capilla de la *Domus Sanctae Marthae*», 9 de septiembre de 2013, *http://w2.vatican. va.*

# 7

## *Esta riqueza me basta, no pido más*

---

### Para compartir la luz de Cristo

El papa Francisco todavía recuerda aquel día en que recibió una importante lección de vida después de que casi perdió un tren.

Ocurrió a mediados de la década de 1990, cuando era obispo auxiliar de Buenos Aires. El obispo Bergoglio iba caminando a la estación para trasladarse a un convento donde dirigiría unos ejercicios espirituales, pero quiso detenerse en la catedral para rezar ante el Santísimo Sacramento, como solía hacerlo todos los días.

Se disponía a salir luego de orar unos minutos, cuando un joven que parecía enfermo mental se le acercó pidiéndole que lo confesara. Por la forma en que arrastraba las palabras, el obispo pensó que «probablemente estaba bajo los efectos de alguna medicación psiquiátrica».[212]

---

[212] La historia del encuentro entre Bergoglio y el joven en la catedral, así como lo que le enseñó al obispo sobre «transitar en paciencia», se tomó de Rubin y Ambrogetti, *op. cit.*, pp. 60 y 76.

Al relatar el episodio a sus biógrafos, Bergoglio no pudo evitar cierto humor autocrítico: «Entonces yo [...], el testigo del Evangelio, el que estaba haciendo apostolado, le dije: "Ahora nomás viene un padre y te confesarás con él porque tengo que hacer algo". [...] Y salí».

El obispo salió de la catedral, pero apenas había dado unos pasos cuando sintió «una vergüenza tremenda», pues pensó en todo lo que el hombre tendría que esperar hasta que volviera el sacerdote a cargo. Así que Bergoglio entró de nuevo al templo, escuchó la confesión del hombre y lo llevó frente a la virgen María «para pedirle que lo cuidara». Después continuó su camino a la estación, seguro de que ya había perdido el tren.

«Pero, al llegar a la estación», refiere Bergoglio, «me enteré de que el servicio estaba atrasado y pude tomar el mismo de siempre».

Cuando regresó del convento, en vez de dirigirse a su casa fue en busca de su confesor. «Lo que había hecho me pesaba. "Si no me confieso, mañana no puedo celebrar misa con esto", me dije». Se arrepintió del «espíritu de suficiencia» o superioridad que lo hizo pensar que era más importante para él ocuparse de los deberes de la diócesis que atender a una oveja de su rebaño que estaba sufriendo.

Bergoglio contó esta historia para ejemplificar el significado de una expresión que él acuñó: «transitar la paciencia». Se le ocurrió mientras leía *Teología del fallimento* (o del «fracaso», *A Theology of Failure*), de John Navone, de la Compañía de Jesús, en el cual se analiza la paciencia de Cristo.

«Yo no transité en paciencia esa tarde en la catedral, porque tenía que subir a ese tren», declaró Bergoglio, «al que, finalmente, igual subí debido a que se atrasó. Fue un signo del Señor que me dijo: "Ves que la historia la arreglo yo"».

## Paciencia, madurez y memoria

Francisco entiende la paciencia como una «experiencia del límite», la cual permite a quienes la viven alcanzar la verdadera madurez. Como vimos en el capítulo 2, esta es la clase de paciencia que le admiraba a su abuela y a Pedro Fabro, quien dijo: «El tiempo es el mensajero de Dios».[213] Francisco explicó a sus biógrafos:

«En la experiencia del límite [...], en el diálogo con el límite, se fragua la paciencia. A veces la vida nos lleva no a "hacer", sino a "padecer", soportando [...] nuestras limitaciones y las de los demás.

»Transitar la paciencia [...] es hacerse cargo de que lo que madura es el tiempo. Transitar la paciencia es dejar que el tiempo paute y amase nuestras vidas. [...] Supone aceptar que la vida es eso: un continuo aprendizaje. [...] Transitar la paciencia es asumir el tiempo y dejar que los otros vayan desplegando su vida».[214]

Desde que se convirtió en papa, Francisco ha hablado del papel que la paciencia juega en la sanación de la memoria. Así como la paciencia impulsa la madurez, puede ayudarnos a asumir el dolor que nos ha dejado el pasado.

---

[213] Pedro Fabro, citado en Francisco, *Evangelii gaudium, op. cit.,* § 171.
[214] Rubin y Ambrogetti, *op. cit.,* pp. 72 y 73.

Nos es posible lograrlo si buscamos entender nuestros recuerdos a la luz de los recuerdos de Dios, que nos recuerda. Una declaración que Francisco hace sobre esto a la Iglesia en general también nos funciona de manera individual: «Debemos recuperar la memoria, la memoria de la Iglesia que es pueblo de Dios. A nosotros hoy nos falta el sentido de la historia. […] Todo se hace deprisa, porque somos esclavos [del momento]. [Tenemos que] recuperar la memoria en la paciencia de Dios, que no tuvo prisa en su historia de salvación, que nos ha acompañado a lo largo de la historia, que prefirió la historia larga por nosotros, de tantos años, caminando con nosotros».[215]

Si se nos dificulta apreciar que Dios ha estado a nuestro lado, se debe a que vemos nuestra historia a través de nuestras heridas. Francisco dice que la auténtica sanación comienza cuando intentamos entender nuestra historia a través de las llagas de *Jesús*. En una intensa meditación que escribió cuando vivía en Buenos Aires, señala: «nuestra carne llagada por el pecado (carne de hijos pródigos) es puerta para entrar en la carne llagada por amor (la carne de Jesús) que nos abre acceso al Padre de toda carne […]. Desde nuestra llaga, a través de la Palabra hecha llaga, accedemos al Único que es capaz de acariciarnos en su misericordia».[216]

Las llagas gloriosas del cuerpo resucitado de Jesús son fruto de su paciente resistencia. Cuando las vemos desde la fe, percibimos la misma tierna paciencia con la que

---

[215] Francisco, «Discurso del Santo Padre Francisco a los participantes en la Asamblea Diocesana de Roma», 16 de junio de 2014, *http://w2.vatican. va.*

[216] Bergoglio, *Open Mind…, op. cit.* (Bergoglio, *Mente abierta…, op. cit.*), pp. 244 y 246.

Dios soportó las quejas y los pecados de su pueblo desde tiempos de los patriarcas y los profetas. La Sangre Preciosa de Jesús revela el amor invisible de Dios, que nos creó, nos mantuvo y nos permitió llegar hasta el momento presente. «A través de [sus llagas]», dice Francisco, como por una brecha luminosa, podemos ver todo el misterio de Cristo y de Dios: su Pasión, su vida terrena […], su encarnación en el seno de María. Y podemos recorrer hasta sus orígenes toda la historia de la salvación: las profecías —especialmente la del Siervo de Yahvé—, los Salmos, la Ley y la alianza, hasta la liberación de Egipto, la primera Pascua y la sangre de los corderos sacrificados; e incluso hasta los patriarcas y Abrahán, y luego […] hasta Abel y su sangre que grita desde la tierra. Todo esto podemos verlo a través de las llagas de Jesús Crucificado y Resucitado, y, como María en el *Magníficat*, podemos reconocer que "su misericordia llega a sus fieles de generación en generación" (Lucas 1:50).[217]

## Recuperación y «feliz culpa»

Durante mis primeros años como católica, una de mis primeras influencias formativas fue un jesuita llamado Francis quien, al igual que el papa Francisco, tuvo la valentía de exponer sus propias heridas para ayudar a otros.

El padre Francis Canavan (1917–2009), de la Compañía de Jesús, fue para sus compañeros un notable intelec-

---

[217] Francisco, «Santa misa para los fieles de rito armenio», 12 de abril de 2015, *http:// w2.vatican.va.*

tual católico y teórico político. Únicamente sus amigos
más cercanos sabían que, aparte de sus textos académi-
cos, también era autor de dos pequeños volúmenes de
reflexiones espirituales para los feligreses que estaban re-
cuperándose del alcoholismo y a quienes había servido
como capellán durante mucho tiempo en la Calix Society
(una asociación para católicos que acuden a Alcohólicos
Anónimos).

En uno de esos libros, *By the Grace of God* [Por la gracia de Dios], Canavan hace una observación que viene al
caso en mi propia experiencia, aun cuando el alcohol no
produjo mis heridas. Escribe: «El alcoholismo es una enfermedad por la cual es terrible morir y miserable vivir».[218]

Me encanta esta declaración, porque puede sustituir-
se esa enfermedad por cualquier trastorno del cuerpo, la
mente o el espíritu, y sigue siendo válida. Para mí, es miserable vivir con TEPT. Pero sin duda se trata de un mal
del cual es grandioso recuperarse, ya que, como continúa
Canavan, la recuperación va más allá de vivir sin la enfermedad: «Mejora también nuestra actitud hacia la vida en
su totalidad y nos enseña a vivir».[219]

La verdad es que la recuperación nos deja un beneficio... un beneficio que no habríamos recibido de no haber padecido alguna aflicción. Se trata, empleando términos de la Iglesia, de la *felix culpa*, o «feliz culpa», porque
abre la puerta de la gracia salvadora de Cristo en nuestro
corazón. «Nos permite comprender cómo da Dios signifi-

---

[218] Francis Canavan, *By the Grace of God*, Calix Society, St. Paul, Minnesota, 2002, p. 30.
[219] *Ibíd.*

cado y propósito a nuestra vida. Empezamos a ver lo que nuestro Señor Jesucristo quiso decir cuando se dirigió a sus discípulos: "Si ustedes permanecen fieles a mi palabra, [...] conocerán la verdad y la verdad los hará libres" (Juan 8:32)».[220]

Además del significado cristiano del mensaje de Canavan, pienso que hay en él algo profundamente ignaciano. Lo relaciono con un comentario del autor espiritual jesuita Joseph de Guibert acerca del carácter especial de los regalos espirituales de Ignacio de Loyola.

De Guibert apunta que, mientras algunos místicos reciben regalos espirituales (Dios les infunde gracia) que influyen antes que nada en su intelecto, y otros reciben regalos que inciden primero en su voluntad, Ignacio fue diferente. El fundador de los jesuitas era el tipo de místico en quien los regalos infundidos no son espirituales nada más. "Afectan las facultades tanto espirituales como corporales, de modo que incluyen algunas como la memoria y la imaginación, que sirven para la realización. De ahí que estos regalos infundidos impulsen al místico hacia la unión con Dios y al mismo tiempo hacia el servicio».[221]

En el capítulo 1 vimos que Ignacio llevaba a cuestas recuerdos dolorosos, algunos originados por sus propios pecados y deseos pecaminosos, otros por acontecimientos traumáticos. Y también vimos, en el capítulo 5, que la imaginación de Ignacio estaba lastimada. Antes de su conversión, con frecuencia se ocupaba de fantasías mun-

---

[220] *Ibíd.*

[221] Joseph de Guibert, *The Jesuits: Their Spiritual Doctrine and Practice* [Los jesuitas: su doctrina y práctica espiritual], Institute of Jesuit Sources, St. Louis, 1986, p. 55.

danas. Con ello en mente, lo que Guibert en efecto sostiene es que los regalos espirituales que recibió Ignacio son
los que le permitieron *a esas mismas facultades que estaban
heridas* impulsarlo «hacia la unión con Dios y al mismo
tiempo hacia el servicio».

Esas últimas palabras de Guibert me recuerdan el paso
12 de Alcohólicos Anónimos: «Habiendo obtenido un
despertar espiritual como resultado de estos pasos, tratamos de llevar este mensaje a los alcohólicos y practicar estos principios en todos nuestros asuntos».[222] «Un
despertar espiritual», eso es unión con Dios. «Llevar este
mensaje a los alcohólicos y practicar estos principios en
todos nuestros asuntos», eso es servicio.

Canavan descubrió en su propia vida que la recuperación profundizó su fe y fortaleció su vocación. «Si
contamos con el regalo de la fe cristiana», escribió, «es
una combinación de que Dios se nos revele y de nuestra
propia experiencia. La Iglesia nos enseña lo que Dios ha
revelado de Sí mismo, pero se vuelve significativo para
nosotros conforme responde y arroja luz sobre nuestra
propia experiencia, y la modifica. Esta fue dolorosa y humillante. Pero demos gracias a Dios por ello, porque es
la experiencia la que nos permitió entender lo que Dios
quería decirnos».[223]

---

[222] La cita del original en inglés fue tomada de «The Twelve Steps of Alcoholics
Anonymous», Alcohólicos Anónimos, última actualización: junio de 2014, *http://www.
aa.org.* (La cita en español fue tomada de *http://www.aamexico.org.mx/Docepasos.html*).

[223] Francis Canavan, *The Light of Faith* [La luz de la fe], International Calix Society,
Minneapolis, 2005, p. 6.

## La sabiduría del corazón

A lo mejor parece desproporcionado comparar el despertar espiritual de un miembro de Alcohólicos Anónimos
(AA) con los regalos místicos más importantes que Dios
le concedió a Ignacio. Sin embargo, quienes no hemos
recibido revelaciones podemos alcanzar, a través del bautismo y la confirmación, los dones infundidos del Espíritu Santo. El papa Francisco, en un mensaje para la Jornada Mundial del Enfermo, explica de qué manera uno
de esos regalos puede transformar nuestro sufrimiento en
conductos de gracia. Es el regalo o don de la sabiduría;
en específico, la que se conoce como *sapientia cordis*, sabiduría del corazón.

«Esta sabiduría», comenta Francisco, «no es un conocimiento teórico, abstracto, fruto de razonamientos. [...]
Es *una actitud infundida por el Espíritu Santo* en la mente y
en el corazón de quien sabe abrirse al sufrimiento de los
hermanos y reconoce en ellos la imagen de Dios».

Cabe destacar que el papa añade que nuestro sufrimiento, aceptado en la fe, puede tener valor apostólico,
no importa si poseemos la capacidad de compartir nuestro testimonio activa o conscientemente: «Incluso cuando
la enfermedad, la soledad y la incapacidad nos impiden
acercarnos a los otros, la experiencia del dolor puede convertirse en un medio privilegiado para la transmisión de
la gracia y fuente para lograr y reforzar la *sapientia cordis*.
[...] Las personas sumidas en el misterio del sufrimiento
y del dolor, cuando éste es acogido en la fe, pueden vol-

verse testigos vivientes de una fe que permite aceptar el propio sufrimiento, aunque con su inteligencia el hombre no sea capaz de comprenderlo del todo».[224]

El testimonio cristiano de los enfermos —y de todos los que han sido lastimados, sean visibles o no sus heridas— es poderoso precisamente porque la fe que tienen en medio de la vulnerabilidad y el desafío les permite manifestar «la fuerza y sabiduría de Dios» (1 Corintios 1:24). A lo largo de su vida dan testimonio constante de la verdad proclamada por Dios a través de la resurrección de Jesús.

Esta verdad era la esperanza de Israel, como lo testificó el Espíritu Santo a través de un autor judío durante el siglo antes de Cristo: «Las almas de los justos están en las manos de Dios, y no los afectará ningún tormento» (Sabiduría 3:1). Era también la esperanza de antiguos sabios como Sócrates, quien, condenado a muerte por sus convicciones, les dijo a su juez y jurado que a un hombre bueno no se le puede hacer daño ni vivo ni muerto.[225]

La resurrección de Jesús proclama esta verdad todo el tiempo: la verdad de que existe algo más valioso que nuestro bienestar terrenal. El papa Francisco menciona esta verdad cuando observa que Jesús, además de mostrar compasión por los enfermos, los sanó físicamente y les dio palabras de aliento para alcanzar la mayor sanación de todas: «Hay algo más importante detrás de esto. [...]

---

[224] Francisco, «Mensaje del Santo Padre Francisco con ocasión de la XXIII Jornada Mundial del Enfermo 2015», 3 de diciembre de 2014, *http://w2.vatican.va*.

[225] *Véase* Platón, *Apología*, § 41d.

Estas curaciones, estas palabras que llegan al corazón son el signo y el inicio de una salvación».[226] Más trascendente que el hecho de que Jesús cura es el hecho de que *salva*.

## Recuerdos perdidos y recuparados de Dios

Me acuerdo de que, cuando tenía unos cinco años de edad y me educaba en la fe judía en la Escuela Hebrea dominical, me quedaba boquiabierta al conocer historias del libro del Génesis y por toda la Biblia y ver que los hombres actuaban como si Dios no existiera. Me quedaba claro que el hombre no existiría si Dios no lo hubiera creado y lo hubiera puesto en el jardín del Edén. ¿Cómo era posible que negara a su Creador?

Después de todo, pensé, desde que nací sabía quiénes era mi padre y mi madre. Con mayor razón Adán y Eva debían recordar a su Creador; a diferencia de una niña como yo, ellos tuvieron la capacidad de razonar desde el momento en que abrieron los ojos por vez primera en el Edén.

Entonces, ¿cómo pudo ser tan inicua la gente en los días de Noé (Génesis 6:5)? ¿Cómo pudo la gente de Babel obsesionarse por una torre que llegara a los cielos, en vez de amar a Dios, que los creó (Génesis 11:3-4)? Aquello no tenía sentido para mí. Estaba segura de que, de haber estado en su lugar, yo jamás habría olvidado a Dios.

---

[226] Francisco, «Misas matutinas en la capilla de la *Domus Sanctae Marthae*», 22 de enero de 2015, *http://w2.vatican. va.*

Pero sí lo olvidé. Cuando cumplí 13 años y me convertí en *bat mitzvá* —demostrando que había alcanzado la madurez como judía porque podía leer la Torá durante un servicio del *sabbat* en la sinagoga—, me alejé de la fe. La música de *rock* se volvió mi religión. Y a pesar de que cargaba con las heridas que me dejó el abuso sexual que sufrí en la infancia, nunca busqué ayuda del Médico Divino. En vez de eso, busqué el amor donde no lo había, como relaté en el capítulo 4, y llegué a ser terriblemente infeliz. No fue sino hasta mis 31 años de edad cuando la luz de Cristo empezó a sacarme de la oscuridad.

Mientras escribía este libro, inesperadamente algo me hizo recordar el tiempo en que me refugiaba en el *rock and roll* para elevar mi alma. Estaba buscando en Internet reseñas de mis libros cuando di con algo que la banda de *rock* Los Negativos, de Barcelona, España, había posteado. Era la reproducción de una efusiva carta escrita por una admiradora, yo, que les envié en 1987, cuando tenía 18 años.

Me quedé atónita al ver el *post* de Los Negativos, pues jamás recibí respuesta a aquella carta. De hecho, pensé que ni siquiera había llegado del otro lado del Atlántico.

Junto con la carta la banda subió un mensaje en español. Como yo no hablaba ese idioma, recurrí a un programa de traducción en línea para saber qué decía. El grupo escribió que guardaron mi carta porque era la mejor retroalimentación que habían recibido: «Dondequiera que estés, querida Dawn Eden, te enviamos un beso».

La carta contaba que me enamoré de la música de Los Negativos luego de oír una canción suya que me movió a comprar su primer álbum, *Piknik Caleidoscópico*. Siendo una adolescente con presupuesto limitado, la compra me pareció algo así como una inversión de alto riesgo, ya que nunca había gastado en música en otro idioma.

«Pero», escribí,

>»en cuanto oí el álbum me quedé sorprendida, porque lo común es que me gusten las canciones sólo si entiendo la letra. [Sin embargo], aunque casi no entiendo nada de *Piknik Caleidoscópico*, sus canciones son tan emotivas que *sentí* que las entendía. […] Es el mejor álbum que he comprado este año. […] ¿Cómo puedo unirme a su club de admiradoras? […] Por cierto, ¿tienen traducciones al inglés de sus letras? Ando por la casa cantando "Tú ya sabes", ¡y ni siquiera sé qué dice!».

En este punto sonreí, pues aún no sabía lo que en español significa «Tú ya sabes». Luego en la parte inferior leí los comentarios de los lectores. Uno de ellos había hecho una búsqueda de mi nombre y descubrió con asombro que yo había renacido como cristiana. «Los caminos del Señor son inescrutables», escribió. A pesar de mi pobre español logré entender esas palabras. ¡Así era, en efecto!

Uno de los integrantes de la banda respondió al comentario transcribiendo la letra de la canción que yo cantaba por toda la casa. Pero después de todos estos años no tengo idea de lo que significa, por lo que usé de nuevo el traductor en línea.

Lo que reveló la traducción me puso la piel de gallina… ¿era correcta? Para comprobarlo, le escribí al integrante de la banda y le pregunté qué significaba la letra, con la esperanza de que su inglés fuera mejor que mi español.

El integrante, complacido de saber de mí, no tardó en responder: «El Señor dijo: tú ya sabes lo que siento por ti, tú ya sabes lo que espero de ti».

Esas eran las palabras que había cantado de adolescente, en un momento en que estaba deprimida, confundida y extraviada espiritualmente. Aunque no las entendía, su armonía en la música era tan conmovedora que yo *sentí* que las entendía. El Señor me permitió cantar: «Tú ya sabes lo que siento por ti, tú ya sabes lo que espero de ti...».

Las palabras que cantaba brotaban desde el fondo de mi corazón, un lugar tan profundo que sólo el Señor puede llegar a él. Provenían de la parte de mi corazón que yo había suprimido; el recuerdo de mi primer amor, antes la pesadilla del abuso y luego mis propios pecados me habían orillado a olvidar al Señor, que me creó. Ya sabía lo que esperaba de mí. Ya sabía lo que esperaba recibir de mí.

Me había olvidado de Dios. Pero Dios no me había olvidado a mí. Había depositado en mi corazón y en mi boca una canción de amor para Él, no importaba que pasaran años para que la cantara sabiendo lo que decía.

## De la oscuridad a la luz

¿No es curioso que esa banda cuyas canciones me hacían alabar inconscientemente a la Divina Providencia se llamara Los Negativos? *Yo* era la negativa en aquel tiempo en que los oía. Mi memoria se consumía con la oscuridad del dolor.

A pesar de que me hice cristiana protestante en 1999 e intenté dar mejor rumbo a mi vida, no fue sino hasta que entré de lleno a la Iglesia católica, siete años después, cuando comencé a sanar de las secuelas del TEPT. Recibir el Cuerpo de Cristo en la eucaristía cambió mi manera de vivir mi propio cuerpo.

Es un hecho que la gracia no destruye la naturaleza: como católica, preservé en la memoria las experiencias traumáticas que me dejaron tristeza y ansiedad. Pero cuando ocasionalmente el dolor del pasado regresaba a mi mente y a mi cuerpo, las experiencias ya no me afectaban como antes. En el tiempo en que empecé a escribir este libro todavía me resultaban dolorosos los efectos del TEPT, pero dejaron de ser tóxicos. Más bien, eran *purificadores*.

¿Cómo sucedió? Se debió a que la luz de Cristo ha iluminado mis «negativos» —todos los recuerdos del trauma y el pecado— y los ha revelado para convertirlos en simples sombras. Sin duda, los recuerdos corresponden a hechos reales, pero los efectos de aquellos sucesos que permanecen en mí carecen de sustancia real. Son como el sonido de un trueno que nos alcanza después de que pasó el relámpago.

Las palabras de Francisco me llegan al alma: «El Hijo de Dios hecho hombre no ha eliminado de la experiencia humana la enfermedad y el sufrimiento sino que, tomándolos sobre sí, los ha transformado y les ha dado un nuevo significado. Nuevo significado, porque ya no tienen la última palabra que, por el contrario, es la vida nueva en plenitud; transformado, porque en unión con Cristo, de experiencias negativas, se han transformado en positivas».[227]

A través de los rayos que surgen de las llagas gloriosas de Jesús, puedo ver el pasado en su justa dimensión. Es una manifestación del amor de Dios, quien me esperaba y quien, a través de su misericordia, permitió todo lo que he hecho y he sufrido —incluso los dolorosos e irreversibles efectos del pecado— a fin de poder trabajar en pos de mi salvación.

«La clave», ha dicho Francisco, «pasa por entender la cruz como semilla de resurrección. Todo intento por sobrellevar el dolor arrojará resultados parciales, si no se fundamenta en la trascendencia. Es un regalo entender y vivir el dolor en plenitud. Más aún: vivir en plenitud es un regalo».[228]

Pidamos la gracia de entender la cruz como semilla de resurrección, rezando estas palabras de Francisco, a través de los méritos de las llagas gloriosas de Cristo:

Transfigúrame, Señor, transfigúrame,
mas no a mí sólo. Purifica también
a todos los hijos de tu Padre. [...]
Transfigúranos, Señor, transfigúranos.[229]

---

[227] Francisco, «Mensaje del Santo Padre Francisco con ocasión de la XXII Jornada...», *op. cit.*

[228] Rubin y Ambrogetti, *op. cit.*, p. 25.

[229] Bergoglio, *Open Mind...*, *op. cit.* (Bergoglio, *Mente abierta...*, *op. cit.*), p. 125.